文物工作研究

——贯彻新发展理念专辑

凌　明　主编

文物出版社

图书在版编目（CIP）数据

文物工作研究：贯彻新发展理念专辑 / 凌明主编．
北京：文物出版社，2024.12. -- ISBN 978-7-5010
-8627-6

Ⅰ. K87

中国国家版本馆 CIP 数据核字第 20240LJ809 号

文物工作研究——贯彻新发展理念专辑

主　　编：凌　明

责任编辑：张晓曦
责任印制：王　芳

出版发行：文物出版社
社　　址：北京市东城区东直门内北小街 2 号楼
邮　　编：100007
网　　址：http://www.wenwu.com
邮　　箱：wenwu1957@126.com
经　　销：新华书店
印　　刷：宝蕾元仁浩（天津）印刷有限公司
开　　本：710mm×1000mm　1/16
印　　张：14.5
版　　次：2024 年 12 月第 1 版
印　　次：2024 年 12 月第 1 次印刷
书　　号：ISBN 978-7-5010-8627-6
定　　价：80.00 元

《文物工作研究》编委会

序　言

习近平总书记在党的十八届五中全会上首次提出了创新、协调、绿色、开放、共享的新发展理念。其中，创新是发展的第一动力，协调是持续健康发展的内在要求，绿色是永续发展的必要条件，开放是国家繁荣发展的必由之路，共享是中国特色社会主义的本质要求。五大新发展理念逻辑严密、环环相扣，形成了有机统一的整体，为新发展阶段推动各领域高质量发展指航定向，为推进中国式现代化提供了重要引领。

步入新时代新征程，文物领域坚持以问题为导向，系统集成，精准施策，完整、准确、全面贯彻新发展理念。《"十四五"文物保护和科技创新规划》强调，立足新发展阶段、贯彻新发展理念、构建新发展格局。2022年，全国文物工作会议提出"保护第一、加强管理、挖掘价值、有效利用、让文物活起来"的新时代文物工作要求，要求针对文物工作的新时代特征，积极转变发展方式。近年来，《关于学习贯彻习近平总书记重要讲话精神　全面加强历史文化遗产保护的通知》《关于让文物活起来、扩大中华文化国际影响力的实施意见》《国家文物保护利用示范区创建管理办法（试行）》《关于在国土空间规划编制和实施中加强历史文化遗产保护管理的指导意见》《国家考古工作"十四五"规划》《中国石窟寺考古中长期计划（2021—2035年）》《国家考古遗址公园管理办法》《关于文物领域贯彻新发展理念落实绿色低碳发展举措的通知》《关于推进博物馆改革发展的指导意见》《关于加强文物科技创新的意见》等一系列文件的出台，文旅融合发展、"先考古、后出让"、创建国家文物保护利用示范区、推进革命文物片区保护利用、利用科技手段加强文物监管执法、建立部际与区域协调机制推进文物工作等理念和管理体制机制创新，从顶层设计和方法举措上为文物行业贯彻新发展理念、推动高质量发展给出了明确指向。同时，文物领域积极发挥项目引领作用，通过开展"考古中国"与中华文明探源工程、大遗址保护与国家考古遗址公园建设项目、国家文化遗产科技创新中心建设项目、亚洲文化遗产保护行动、"互联网＋中华文明"行动、文物资源数字化共享、革命文物保护利用工程、智慧博物馆建设等旗舰项目，积极推进国家重大科研课题和国际交流合作，鼓励地方结合文物工作实际开展务实项目等举措，扎实推动文物事业高质量发展。

《文物工作研究》首次尝试以主题出版的形式，梳理、总结文物领域践行新发展理念的经验做法，以及文物工作在助力构建新发展格局、积极融入国家高质量发展大局的有益实践与探索。

本书由上篇和下篇两部分构成。

上篇分别从创新、协调、绿色、开放、共享五大理念的视角出发，从中央、地方、社会等多维度回顾总结了文物领域对新发展理念的探索与实践。

下篇收录各地贯彻新发展理念的创新实践，围绕博物馆与社会文物、历史村落、文物建筑、大遗址、革命文物、文物安全、科技考古等方面，从具体案例出发，用事实和数据说话。

我们期盼本书能为广大公众特别是文博工作者、研究者勾勒出文物领域积极践行新发展理念的整体图景，并为政府管理部门推进构建文物事业新发展格局提供决策参考。

该专辑作为中国文化遗产研究院担纲推出《文物工作研究》系列出版物的第四册，即将与读者见面。十年嬗变，初心不改。我们将一如既往地扎实做好文物政策理论研究，以更加丰富多元的内容和开阔的视野，针对文物领域前沿和热点开展跟踪调查与深度解读，以政策研究为支点，为文物政策制定提供支撑，为文物事业高质量发展贡献积极力量。

全国政协委员　中国文化遗产研究院党委书记　李六三

目 录

上　篇
文物领域贯彻新发展理念
实践与探索

聚焦

- 习近平总书记在党的十八届五中全会上提出了创新、协调、绿色、开放、共享的新发展理念，强调贯彻新发展理念是新时代我国发展壮大的必由之路。
- 中共中央政治局就我国考古最新发现及其意义举行第二十三次集体学习。习近平总书记强调，要努力建设中国特色、中国风格、中国气派的考古学，更好认识源远流长、博大精深的中华文明。
- 中央全面深化改革委员会审议通过了《关于让文物活起来、扩大中华文化国际影响力的实施意见》。
- 全国文物工作会议提出"保护第一、加强管理、挖掘价值、有效利用、让文物活起来"的新时代文物工作要求。
- 中共中央办公厅、国务院办公厅印发《长城、大运河、长征国家文化公园建设方案》。
- 国务院办公厅印发《"十四五"文物保护和科技创新规划》，文物事业发展五年规划首次从部门规划上升为国家级专项规划。
- 中共中央宣传部、财政部、文化和旅游部、国家文物局公布两批革命文物保护利用片区分县名单。
- 最高人民法院、最高人民检察院、公安部、国家文物局联合发布《关于办理妨害文物管理等刑事案件若干问题的意见》。
- 自然资源部、国家文物局印发《关于在国土空间规划编制和实施中加强历史文化遗产保护管理的指导意见》。
- 依托全国文物安全工作部际联席会议机制，推动文物安全工作纳入全国文明城市年度测评指标体系、全国安全生产与消防工作考核巡查范围。
- 国家文物局印发《"十四五"考古工作专项规划》《"十四五"石窟寺保护利用专项规划》《国家考古遗址公园管理办法》。
- 国家文物局印发《文物行政执法公示办法（试行）》《文物行政执法全过程记录办法（试行）》《重大文物行政执法决定法制审核办法（试行）》。

- 国家文物局印发《关于文物领域贯彻新发展理念落实绿色低碳发展举措的通知》。
- 国家文物局印发《关于加强尚未核定公布为文物保护单位的不可移动文物保护工作的通知》。
- 国家文物局积极推动文物防灾减灾工作纳入地方防灾减灾体系。
- 国家文物局公布第一批国家文物保护利用示范区创建名单。
- 国家文物局支持有条件的地区打造"博物馆之城"核心示范区、建设"博物馆小镇"。
- "十三五"国家重点研发计划"重大自然灾害监测预警与防范"重点专项中,设置了"文化遗产保护利用"专题任务。
- 持续开展亚洲文化遗产保护行动,持续推进在柬埔寨、尼泊尔、缅甸、乌兹别克斯坦等国家实施文物保护修复援助项目。
- 党的十八大以来,共实现29批次、1700余件/套流失文物艺术品回归祖国。
- "十三五"期间,36处国家考古遗址公园累计接待游客1.54亿人次。各世界文化遗产地年接待游客超3亿人次。
- 全国备案博物馆中,约90%实现免费开放,年均举办教育活动30万余次,年均举办展览2万余个,年均参观人次10多亿。
- 我国政府相继与数十个"一带一路"沿线国家签署文化遗产领域交流合作双边协定或谅解备忘录。
- 京津冀、宁夏和内蒙古四盟市、长三角地区、川陕渝等地区在文物领域建立协调机制。
- 浙江、山东、重庆、陕西、宁夏、南京、延安等地以实际行动将绿色发展理念融入文物工作。
- 天水麦积山石窟、永靖炳灵寺石窟、庆阳北石窟寺三大石窟整建制划入敦煌研究院管理,正式开启"敦煌模式"。

前言

把握新发展阶段、贯彻新发展理念、构建新发展格局，是以习近平同志为核心的党中央统筹中华民族伟大复兴战略全局和世界百年未有之大变局，与时俱进提升我国经济发展水平，塑造我国国际经济合作和竞争新优势作出的重大战略判断和战略抉择。2015 年 10 月，习近平总书记在党的十八届五中全会上提出了创新、协调、绿色、开放、共享的新发展理念，强调贯彻新发展理念是新时代我国发展壮大的必由之路。发展理念是发展行动的先导，是管全局、管根本、管方向、管长远的东西，是发展思路、发展方向、发展着力点的集中体现。近年来，习近平总书记对新发展理念的重大意义、丰富内涵和实践要求等进行深刻阐述，明确了我国发展的历史方位、现代化建设的指导原则，对于推动我国经济社会高质量发展具有重要指导意义。党的二十大报告也强调指出：贯彻新发展理念是新时代我国发展壮大的必由之路。

习近平总书记多次强调：新发展理念的五大方面既有各自内涵，更是一个整体。坚持创新发展、协调发展、绿色发展、开放发展、共享发展，是关系我国发展全局的一场深刻变革。这五大发展理念相互贯通、相互促进，是具有内在联系的集合体，要统一贯彻，不能顾此失彼，也不能相互替代。哪一个发展理念贯彻不到位，发展进程都会受到影响。贯彻落实新发展理念，涉及发展观念转变和知识能力提升，也涉及利益关系调整和体制机制创新。要把新发展理念贯穿领导活动全过程，落实到决策、执行、检查各项工作中，努力提高统筹贯彻新发展理念能力和水平，不断开拓发展新境界。贯彻落实新发展理念，必须发挥改革的推动作用、法治的保障作用。无论是中央层面还是部门层面，无论是省级层面还是省以下各级层面，在贯彻落实中都要完整把握、准确理解、全面落实，把新发展理念贯彻到经济社会发展全过程和各领域。要抓住主要矛盾和矛盾的主要方面，切实解决影响构建新发展格局、实现高质量发展的突出问题，切实解决影响人民群众生产生活的突出问题。创新发展、协调发展、绿色发展、开放发展、共享发展，在工作中都要予以关注，使之协同发力、形成合力，不能畸轻畸重，不能以偏概全。

创新发展注重的是解决发展动力问题。我们必须把创新作为引领发展的第一动力，把人才作为支撑发展的第一资源，把创新摆在国家发展全局的核心位置，不断推进理论创新、制度创新、科技创新、文化创新等各方面创新，让创新贯穿党和国家一切工作，让创新在全社会蔚然成风。坚持创新发展，既要坚持全面系统的观点，又要抓住关键，以重要领域和关键节点的突破带动全局。我们将推广发展理念、体制机制、商业模式等全方位、多层次、宽领域的大创新，在推动发展的内生动力和活力上来一个根本性转变。创新是一个系统工程，创新链、产业链、资金链、政策链相互交织相互支撑，改革只在一个环节或几个环节搞是不够的，必须全面部署，并坚定不移推进。实施创新驱动发展战略，既要推动战略性新兴产业蓬勃发展，也要注重用新技术新业态全面改造提升传统产业。科技创新、制度创新要协同发挥作用，两个轮子一起转。要加快科技管理职能转变，把更多精力从分钱、分物、定项目转到定战略、定方针、定政策和创造环境、搞好服务上来。要加快推进科研院所改革，赋予高校、科研机构更大自主权，给予创新领军人才更大技术路线决定权和经费使用权，坚决破除评价标准中"唯论文、唯职称、唯学历、唯奖项"的不良导向。要整合财政科研投入体制，改变部门分割、小而散的状态。实现高质量发展，必须实现依靠创新驱动的内涵型增长。我们更要大力提升自主创新能力，尽快突破关键核心技术。

协调发展注重的是解决发展不平衡问题。我们必须牢牢把握中国特色社会主义事业总体布局，正确处理发展中的重大关系，不断增强发展整体性。协调既是发展手段又是发展目标，同时还是评价发展的标准和尺度。协调发展不是搞平均主义，而是更注重发展机会公平、更注重资源配置均衡。协调是发展两点论和重点论的统一，一个国家、一个地区乃至一个行业在其特定发展时期既有发展优势也存在制约因素，在发展思路上既要着力破解难题、补齐短板，又要考虑巩固和厚植原有优势。要建设彰显优势、协调联动的城乡区域发展体系，实现区域良性互动、城乡融合发展、陆海统筹整体优化，培育和发挥区域比较优势，加强区域优势互补，塑造区域协调发展新格局。不能简单要求各地区在经济发展上达到同一水平，而是要根据各地区的条件，走合理分工、优化发展的路子。要形成几个能够带动全国高质量发展的新动力源，特别是京津冀、长三角、珠三角三大地区，以及一些重要城市群。不平衡是普遍的，要在发展中促进相对平衡。这是区域协调发展的辩证法。要把保护传承和开发利用有机结合起来，把我国农耕文明优秀遗产和现代文明要素结合起来，要整合全国学术机构和研究队伍，协调各地党史、军史、档案、政协文史资料、地方志、社科院、高校等部门和机构的力量，扶持民间研究，从军事、政治、经济、文化、社会、外交、国际等领域对抗战进行系统研究。

绿色发展注重的是解决人与自然和谐问题。我们必须坚持节约资源和保护环境的基本国策，坚定走生产发展、生活富裕、生态良好的文明发展道路，加快建设资源节约型、环境友好型社会，推进美丽中国建设，为全球生态安全作出新贡献。要坚定不移走绿色低碳循环发展之路，引导形成绿色生产方式和生活方式。城市规划和建设要高度重视历史文化保护，要突出地方特色，注重文明传承、文化延续。坚持绿水青山就是金山银山的理念，强化生态环境联建联防联治。要保护好前人留下的文化遗产，不能搞"拆真古迹、建假古董"那样的蠢事。既要保护古代建筑，也要保护近代建筑；既要保护单体建筑，也要保护街巷街区、城镇格局；既要保护精品建筑，也要保护具有浓厚乡土气息的民居及地方特色的民俗。要控制城市开发强度，划定水体保护线、绿地系统线、基础设施建设控制线、历史文化保护线、永久基本农田和生态保护红线，防止"摊大饼"式扩张，推动形成绿色低碳的生产生活方式和城市建设运营模式。要珍惜和保护好宝贵的历史文化遗产，不能搞过度修缮、过度开发，尽可能保留历史原貌。在改造老城、开发新城过程中，要保护好城市历史文化遗存，延续城市文脉，使历史和当代相得益彰。要突出科技、智慧、绿色、节俭特色，注重运用先进科技手段，严格落实节能环保要求，保护生态环境和文物古迹，展示中国风格。

开放发展注重的是解决发展内外联动问题。我们必须坚持对外开放的基本国策，奉行互利共赢的开放战略，深化人文交流，完善对外开放区域布局、对外贸易布局、投资布局，形成对外开放新体制，发展更高层次的开放型经济，以扩大开放带动创新、推动改革、促进发展。要更加注重推动高水平双向开放，要奉行互利共赢的开放战略，坚持内外需协调、进出口平衡、"引进来""走出去"并重、引资引技引智并举，积极参与全球经济治理和公共产品供给，提高我国在全球治理中的制度性话语权。"一带一路"建设要以文明交流超越文明隔阂、文明互鉴超越文明冲突、文明共存超越文明优越，推动各国相互理解、相互尊重、相互信任。我们要建立多层次人文合作机制，搭建更多合作平台，开辟更多合作渠道。要用好历史文化遗产，联合打造具有丝绸之路特色的旅游产品和遗产保护。中国愿同各国开展亚洲文化遗产保护行动，为更好传承文明提供必要支撑。中国愿同世界各国和联合国教科文组织一道，加强交流合作，推动文明对话，促进交流互鉴，支持世界遗产保护事业，共同守护好全人类的文化瑰宝和自然珍宝。在共建"一带一路"过程中，我们要积极传播中华文化，加强同沿线国家的文化交流，增进民心相通，共同构建亚洲命运共同体、人类命运共同体，共同创造更多更优秀的人类文明成果。

共享发展注重的是解决社会公平正义问题。我们必须坚持发展为了人民、发展依靠人民、发展成果由人民共享，作出更加有效的制度安排，使全体人民朝着共同富裕方向稳步前进。共享理念的实质就是坚持以人民为中心的发展思想，体现的是逐步实现共同富裕的要求。其内涵主要包括四个方面：一是共享是全民共享。这是就共享的覆盖面而言的。共享发展是人人享有，各得其所，不是少数人共享、一部分人共享。二是共享是全面共享。这是就共享的内容而言的。共享发展就是要共享国家经济、政治、文化、社会、生态各方面建设成果，全面保障人民在各方面的合法权益。三是共享是共建共享。这是就共享的实现途径而言的。共建才能共享，共建的过程也是共享的过程。要充分发扬民主，广泛汇聚民智，最大激发民力，形成人人参与、人人尽力、人人都有成就感的生动局面。四是共享是渐进共享。这是就共享的推进进程而言的。一口气吃不成胖子，共享发展必将有一个从低级到高级、从不均衡到均衡的过程，即使达到很高的水平也会有差别。落实共享发展理念，一是不断把"蛋糕"做大，二是把不断做大的"蛋糕"分好，让人民群众有更多获得感。要在提炼、转化、融合上下功夫，"让收藏在博物馆里的文物、陈列在广阔大地上的遗产、书写在古籍里的文字都活起来"，成为教书育人的丰厚资源。

在文物领域完整、准确、全面贯彻新发展理念，既是统筹推进"五位一体"总体布局和"四个全面"战略布局的必然要求，也是推动文物事业高质量发展的必然要求。党的十九届五中全会通过的《中共中央关于制定国民经济和社会发展第十四个五年规划和二〇三五年远景目标的建议》明确要求：传承弘扬中华优秀传统文化，加强文物古迹保护、研究、利用，强化重要文化和自然遗产、非物质文化遗产系统性保护，加强各民族优秀传统手工艺保护和传承，建设长城、大运河、长征、黄河等国家文化公园。党的十九届六中全会通过的《中共中央关于党的百年奋斗重大成就和历史经验的决议》深入研究党坚持把马克思主义基本原理同中国具体实际相结合、同中华优秀传统文化相结合，不断推进马克思主义中国化的百年历程，高度评价文化遗产的重要作用，明确提出："增强全社会文物保护意识，加大文化遗产保护力度"，这是文物和文化遗产保护第一次被写入党的决议，充分显示了党中央对文物工作的高度重视，是对新时代文物工作的最新要求。2022 年 2 月，中宣部、文化和旅游部、国家文物局印发《关于学习贯彻习近平总书记重要讲话精神　全面加强历史文化遗产保护的通知》，要求全面加强历史文化遗产保护利用。要坚持保护第一、强化系统保护，牢固树立保护历史文化遗产责任重大的观念，树立保护文物也是政绩的科学理念，统筹好历史文化遗产保护与城乡建设、经济发展、旅游开发。要正确处理历史与当代、保护与利用、传统与创新、资源与环境的关系，切实做到在保护中发展、在发展中保护，积极推进创造性转化、创新性发展，更好提炼展示中华优秀传统文化的精神标识，让历史文化遗产在新时代焕发新生、绽放光彩，成为增进全民族历史自信与历史认知的重要源泉。

2022 年 7 月 22 日，全国文物工作会议在京召开，会议对新时代文物工作做出重大部署、提出殷切期望。会议创造性地提出了"保护第一、加强管理、挖掘价值、有效利用、让文物活起来"的新时代文物工作要求，是对新时代文物工作宝贵经验的总结，也是对新时代文物工作规律深刻认识的升华。新时代文物工作要求的提出有着深厚的时代背景和实践基础，与党的十八大以来习近平总书记对文物工作的科学指引密不可分，与近年来文物工作的实践创新密不可分，与我国所处的经济社会发展阶段密不可分，及时回应了全党全社会的共同期盼，回应了文物工作的时代使命和职责，具有很强的时代性、思想性、指导性，将在推动文物事业高质量发展、建设社会主义文化强国中发挥更加重要的作用。8 月 18 日，中宣部、文化和旅游部、国家文物局印发《关于贯彻落实全国文物工作会议精神的通知》，从深入学习领会习近平总书记关于文化遗产保护传承和文物工作重要论述精神、认真贯彻落实新时代文物工作要求、全面加强文物保护管理工作、不断强化文物安全长效机制、切实提高文物研究阐释和科技创新能力、努力推动让文物活起来等九个方面作出明确部署，要求各级党委宣传部门、文化和旅游部门、文物行政部门要发挥统筹协调作用，推动各地党委、政府落实文物工作主体责任，文物事业迎来前所未有的发展机遇。

全面加强历史文化遗产保护利用，需要强化系统性思维，需要前瞻性思考、全局性谋划、战略性布局、整体性推进。系统性保护不仅是一种思路，更是一种责任。近年来，全国文物系统认真学习领会新发展理念的深刻内涵，紧紧围绕经济社会发展大局，顺应新时代对文物工作的新要求和新期待，把改革创新作为推动文物事业发展的强大动力，围绕保护、利用、传承、发展进行系统设计和整体谋划，针对文物工作的重点领域、薄弱环节精准施策，在创新、协调、绿色、开放、共享五个方面均有突破，在推动《中华人民共和国文物保护法》（以下简称《文物保护法》）修订的同时，出台文物考古、文物安全、保护利用、博物馆改革发展、文物科技创新等一系列政策措施，不断夯实文物事业高质量发展的基础，推动构建文物事业发展新格局。

一、创新发展

党的二十大报告指出：坚持创新在我国现代化建设全局中的核心地位。加强基础研究，突出原创，鼓励自由探索。实践没有止境，理论创新也没有止境。坚持科技是第一生产力，深入实施创新驱动发展战略，开辟发展新领域新赛道，不断塑造发展新动能新优势。创新位于国家发展全局的核心位置。创新发展注重的是解决发展动力问题。在新常态下，传统发展动力不断减弱，粗放型增长方式难以为继。国家按照"坚持双轮驱动、构建一个体系、推动六大转变"进行布局，构建新的发展动力系统①。

近年来，文物事业创新发展取得重大成就。全国文物系统在体制机制、政策法规、保护理念、技术手段等方面积极创新，努力探索符合国情的文物保护利用之路。《"十四五"文物保护和科技创新规划》由国务院办公厅印发，文物事业发展五年规划首次从部门规划上升为国家级专项规划。党中央、国务院对新时代文物工作提出新的要求，全面加强考古和历史研究工作，努力建设中国特色中国风格中国气派的考古学；建设长城、大运河、长征、黄河、长江国家文化公园，整合文物和文化资源，集中打造中华文化重要标志；全面加强石窟寺保护利用工作，探索具有示范意义的石窟寺保护利用之路；系统开展革命文物保护利用工程，彰显红色文化时代魅力。新时代为文物工作带来新任务、新机遇、新挑战。

（一）理念创新

1.创造性地提出新时代文物工作要求

"保护第一、加强管理、挖掘价值、有效利用、让文物活起来"的新时代文物工作要求充分体现了党对文物工作科学把握、对新时代文物工作的统

---

①　中共中央、国务院：《国家创新驱动发展战略纲要》，2016年5月19日。

筹谋划，既有继承发展，又与时俱进，从实际出发，不仅具有鲜明的时代性、科学性，而且具有很强的指导性、实践性。文物工作要求高度凝练，具有丰富的思想内涵和严密的逻辑关系。"保护第一"是前提，"加强管理"是保障，"挖掘价值"是基础，"有效利用"是路径，"让文物活起来"是目标，五个方面相互联系，形成完整的逻辑链条。

推动文物事业高质量发展，必须全面贯彻落实新时代文物工作要求。要坚持保护第一，对历史文化遗产及其整体环境实施严格保护和管控，统筹好文化遗产保护与经济社会发展，使历史和当代相得益彰；按照真实性、完整性要求，全面保护好古代与近现代、城市与乡村的历史文化遗产，在城乡建设中树立和突出中华文化符号和中华民族特征；秉持系统性、整体性保护理念，统筹好抢救性保护和预防性保护、本体保护和周边保护、单点保护和集群保护，维护文化遗产的历史真实性、风貌完整性、文化的延续性；要全面加强管理，不断健全法律制度体系，促进健全文物资源资产管理制度，建设国家文物资源大数据库，统筹开展各类文物资源普查和名录编制；建立文物安全长效机制，健全文物防灾减灾体系，提升中国世界文化遗产监测预警水平，强化文物执法督察，坚决守住文物安全底线。要深入挖掘文物的多重价值，展示其中蕴含的价值理念、道德规范、治国智慧，展现中华民族生生不息的根脉和中华文化的开放包容、兼收并蓄的特质，努力实现创造性转化、创新性发展，更好延续历史文脉，坚定文化自信；深入挖掘红色资源背后的思想内涵，讲好党的故事、革命的故事、英雄的故事，让广大干部群众从红色资源中感悟革命精神、汲取奋进力量。要推动有效利用，让文物活起来，站在时代的高度，坚持把马克思主义同中华优秀传统文化相结合，让文物说话，让历史说话，不断激活其生命力，与当代社会相融相通，做到古为今用、以古鉴今，发挥好资政育人、推动发展的作用；促进文旅融合，积极推动文物保护单位、世界遗产地、博物馆成为特色旅游目的地；加快博物馆改革发展，创新展览展示，推动文物数字资源接入国家教育资源公共服务体系，构建线上线下相融合的传播体系；打造具有影响力的文化创意品牌，培育新型文化业态，既有效满足人民群众的精神文化需要，又以文化人、以文育人、以文培元。新时代文物工作要求必将为文物事业高质量发展提供更加坚强、有力的指导，引领文物事业迈向新的更高阶段。

2. 高质量推进国家文化公园建设

党的二十大报告提出：建好用好国家文化公园。2019 年 12 月，中共中央办公厅、国务院办公厅印发《长城、大运河、长征国家文化公园建设方案》(以下简称《方案》)。《方案》要求，要以长城、大运河、长征沿线一系列主题明确、内涵清晰、影响突出的文物和文化资源为主干，生动呈现中华文化的独特创造、价值理念和鲜明特色，促进科学保护、世代传承、合理利用，积极拓展思路、创新方法、完善机制，到2023年底基本完成建设任务，长城、大运河、长征沿线文物和文化资源保护传承利用协调推进局面初步形成，权责明确、运营高效、监督规范的管理模式初具雏形，形成一批可复制推广的成果经验，为全面推进国家文化公园建设创造良好条件。高质量建设国家文化公园，旨在通过整合具有突出意义、重要影响、重大主题的文物和文化资源，集中打造中华文化重要标志。

2021年8月，国家文化公园建设工作领导小组印发《长城国家文化公园建设保护规划》①《大运河国家文化公园建设保护规划》②《长征国家文化公园建设保护规划》③，为沿线省份完善分省份建设保护规划，推进国家文化公园建设提供了科学指引。在国家文化公园建设工作领导小组的统筹指导下，长城、大运河、长征国家文化公园建设取得显著成效。一批标志性建设项目相继实施，一批重点基础工程建设陆续展开，一批重点建设区示范先行，中央和地方投入力度不断加大，沿线文物和文化资源家底不断夯实，保护状况持续改善，展览展示水平极大提升，宣传教育功能日益彰显，综合效益有效发挥，人民群众的文化生活空间不断拓展。

2020年12月30日，国家发展改革委社会司组织召开了黄河国家文化公园建设启动暨大运河、长城、长征国家文化公园建设推进视频会，进一步明确了各地发展改革部门推进国家文化公园建设的总任务和总要求，并就启

---

① 《长城国家文化公园建设保护规划》，整合长城沿线15个省区市文物和文化资源，按照"核心点段支撑、线性廊道牵引、区域连片整合、形象整体展示"的原则构建总体空间格局，重点建设管控保护、主题展示、文旅融合、传统利用四类主体功能区。

② 《大运河国家文化公园建设保护规划》，整合大运河沿线8个省市文物和文化资源，按照"河为线、城为珠、珠串线、线带面"的思路优化总体功能布局，深入阐释大运河文化价值，大力弘扬大运河时代精神，加大管控保护力度，加强主题展示功能。

③ 《长征国家文化公园建设保护规划》，整合长征沿线15个省区市文物和文化资源，根据红军长征历程和行军线路构建总体空间框架，实施保护传承、研究发掘、环境配套、文旅融合、数字再现、教育培训工程，着力将长征国家文化公园建设成为呈现长征文化、弘扬长征精神、赓续红色血脉的精神家园。

动黄河国家文化公园建设作出具体部署。2022 年 7 月，国家文物局、文化和旅游部、发展改革委、自然资源部、水利部联合印发《黄河文物保护利用规划》，是保护传承弘扬黄河文化的实施计划和具体行动指南，也是对黄河文物系统保护重大工程的细化落实。

2022 年 1 月，国家文化公园建设工作领导小组印发通知，部署启动长江国家文化公园建设。长江国家文化公园的建设范围综合考虑长江干流区域和长江经济带区域，涉及上海、江苏、浙江等 13 个省区市。国家文化公园建设工作领导小组将继续加强统筹协调，指导相关省份编制分省份规划，精心组织、协同推进、有序实施，着力形成布局合理、特色鲜明、功能衔接、开放共享的建设格局，确保长江国家文化公园建设高质量推进。当前，中国文化遗产研究院正在编制《长江文物保护利用专项规划纲要》，将立足中华民族多元一体演进格局，注重构建长江文化网络的整体概念，聚焦考古发掘研究、文物普查数据库建设、文物现状评估及风险定级、文物保护修复规划方案、文物展示利用方案、文物价值研究与宣传、文旅融合发展建议、文化价值对地区社会经济发展的评估等八个维度，凝练长江文物特点、长江文化价值等核心内容，进而明确具有标识性、代表性的文物保护对象，在坚持"保护第一"的基础上，明确长江文物保护需求并提出可落地的解决方案。

3. 高起点推动国家文物保护利用示范区创建

为贯彻落实中共中央办公厅、国务院办公厅《关于加强文物保护利用改革的若干意见》，推进国家文物保护利用示范区建设，国家文物局于 2019 年 12 月印发《国家文物保护利用示范区创建管理办法（试行）》，规定资源禀赋突出，工作基础良好，创建目标清晰，地方高度重视的地区可以申请创建国家文物保护利用示范区。推进国家文物保护利用示范区建设，就是要构建国家统筹、央地协同、地方建设的改革工作模式，强化顶层设计，扶持地方首创，推动实现创新性制度成熟定型，通过一段时间的努力，在全国树立一批文物保护利用改革的示范标杆。

2020 年 9 月，国家文物局公布第一批国家文物保护利用示范区创建名单，北京海淀三山五园、辽宁大连旅顺口军民融合、上海杨浦生活秀带、江苏苏州文物建筑、四川广汉三星堆、陕西延安革命文物国家文物保护利用示范区。对于国家文物保护利用示范区，国家文物局探索有关文物行政审核审批权限下沉一级，加大国家文物保护资金引导力度，在文物保护利用重大项目、文物安全防范、文物科技、文物人才培养培训等方面加大支持力度，在博物馆重要展览、文物国际交流合作、文物领域重要活动等安排上给予优先考虑。国家文物局一方面加强与有关部门的会商协调，更好发挥宏观政策的综合效应，另一方面集聚融媒资源，加大宣传推介力度，形成榜样示范效应。

在创建国家文物保护利用示范区过程中，各地均建立了由地方人民政府主要负责同志牵头的示范区创建工作领导小组，党委领导、政府负责、部门协同、社会参与的文物工作新格局逐步形成，机构和人员队伍建设得到加强，工作机制进一步理顺，整体保护和展示利用实力不断提升。在国家文物保护利用示范区的引领下，山西、山东、广东等省也在开展省级文物保护利用示范区创建，山西省文物局于 2020 年 12 月公布了第一批 18 处省级文物保护利用示范区创建名单①，山东省文化和旅游厅于 2022 年 3 月公布了第一批 10 处省级文物保护利用示范区创建名单②，广东省文化和旅游厅于 2019 年 9 月公布了首批 5 处省级文物保护利用示范区创建名单③。省级文物保护利用示范区的创建可以为国家文物保护利用示范区的持续创建提供坚实基础和有力支撑。

4. 努力建设中国特色、中国风格、中国气派的考古学

2020 年 9 月 28 日，中共中央政治局就我国考古最新发现及其意义举行第二十三次集体学习。习近平总书记强调：考古工作是展示和构建中华民族历史、中华文明瑰宝的重要工作。认识历史离不开考古学。考古工作是一项重要文化事业，也是一项具有重大社会政治意义的工作。强调要做好我国考古工作和历史研究，继续探索未知、揭示本源，做好考古成果的挖掘、整理、阐释工作，搞好历史文化遗产保护工作，加强考古能力建设和学科建

---

① 山西省在文物密集区体制机制改革基础上，选择部分市县作为省级文物保护利用示范区创建主体，在做好文物保护的同时，探索、创新文物利用方式，针对不同文物资源类型，形成区域特色保护利用模式，发挥示范引领作用。

② 山东省通过示范区建设，旨在使区域内文物本体得到高水平保护，文物资源得到高标准展示，文化价值得到全方位挖掘，在文物治理体系和治理能力现代化建设上树立一批文物保护利用改革的示范标杆。

③ 广东省首批文物保护利用示范区的创建目标是：到 2022 年，由各相关地级市文化文物行政部门指导所在地的县（市、区）人民政府，依托其丰富的文物资源，发挥优势，创出特色，推动区域性文物资源整合和集中连片保护利用，使区域内的所有文物都得到有效保护、合理利用，初步建成地域特色鲜明、文旅深度融合、社会效益和经济效益良好的文物保护利用示范区。

设。要努力建设中国特色、中国风格、中国气派的考古学，更好认识源远流长博大精深的中华文明。习近平总书记的重要讲话，不仅深刻阐释了考古工作的地位作用和重要意义，也对新时期考古工作的目标任务提出了新要求，是考古事业发展的根本遵循和行动指南。

全国各地文物考古部门及高校认真学习贯彻落实习近平总书记重要讲话精神，考古工作亮点纷呈。国家文物局着力提升规划水平，组织编制《"十四五"考古工作专项规划》《中国石窟寺考古中长期计划（2021—2035年）》，增强我国考古的计划性、系统性、主动性；推进考古人才队伍的建设，会同中央编办、人力资源和社会保障部、教育部不断协商，争取有力的政策支持；集中力量解决了历史重大问题，全国十大考古新发现、"考古中国"重大项目成果发布；全力推动落实"先考古、后出让"的政策落地，明确了基本建设考古前置制度的要求；推动了科技考古的应用和设备更新，切实改善考古发掘条件；注重考古成果的宣传工作，增强考古的社会影响力，与社会共享考古成果。国家级考古研究机构、地方考古研究机构和高校积极行动，各地文物考古机构纷纷增编，考古队伍不断壮大。考古人才的培养也得到应有的重视，高校文物考古及相关专业各个层级学生的招生规模有所扩大，专业研究人员和技师队伍的培训也正以各种形式展开，后备力量不断壮大，考古能力建设得到进一步加强①。福建、山西等省结合当地实际，出台政策性文件，着力推进考古研究和考古能力建设，带动全省考古工作和文物保护水平提升。

（二）制度创新

1.不断规范文物行政执法制度

文物行政执法是全面推进依法行政的重要内容，是保障文物安全的重要手段，是维护法律权威的重要举措。为进一步规范和指导地方文物行政执法工作，2021年11月，国家文物局发布《文物行政执法公示办法（试行）》《文物行政执法全过程记录办法（试行）》《重大文物行政执法决定法制审核办法（试行）》（以下简称"三项制度"）。"三项制度"对文物行政执法机关全面实现执法信息公开透明、执法全过程留痕、执法决定合法有效等三个方面提出明确要求。通过加强文物行政执法事前、事中、事后各环节信息公

---

① 《建设中国特色、中国风格、中国气派的考古学——纪念习近平总书记"9·28"重要讲话发表一周年专家座谈会暨专题报告会在京召开》，https://baijiahao.baidu.com/s?id=1712251240922522775&wfr=spider&for=pc。

示，完善执法全过程记录，力求解决一些地区执法责任不落实、执法信息不透明、执法程序不规范、处罚追责不到位等问题，促进文物行政执法工作规范化，保障人民群众对文物工作的知情权、参与权、监督权。"三项制度"充分借鉴相关部门和试点地区经验做法，针对一些地方文物行政执法中存在的执法责任不落实、执法信息不透明、执法程序不规范等问题，结合文物工作特点和文物行政执法工作实际，对中央关于行政执法"三项制度"有关部署进一步细化。国家文物局将把推行文物行政执法"三项制度"作为当前文物行政执法工作的重中之重，加强文物行政执法督导检查，推动联合执法和区域合作，指导执法装备配备应用，加大对文物行政执法典型案例、先进集体和先进个人的宣传力度，确保文物行政执法"三项制度"落实落地。

2. 强化未定级不可移动文物保护管理

截至 2020 年，我国各级文物保护单位约 13.5 万处，占不可移动文物总量的 17.6%；尚未核定公布为文物保护单位的不可移动文物（以下简称"文物点"）约 63.2 万处，占不可移动文物总量的 82.4%。经过数十年的发展，在中央财政和地方财政的共同支持下，大多数国保单位和部分省保单位已经得到较好的保护管理，取得显著成绩。但低级别文物保存状况不容乐观，尤其是在快速城镇化的进程中，一些地方文物点被破坏和消失速度有所加快；另外，在自然灾害中，遭受破坏更严重，已经引起有关部门高度重视。2017年，为进一步落实国务院《关于进一步加强文物工作的指导意见》，切实做好城镇化进程中的一般不可移动文物保护管理工作，有效遏制其快速消失的趋势，国家文物局印发《关于加强尚未核定公布为文物保护单位的不可移动文物保护工作的通知》，明确要求：认真做好尚未核定公布为文物保护单位的不可移动文物管理工作，切实改善尚未核定公布为文物保护单位的不可移动文物保护状况，积极鼓励社会力量参与尚未核定公布为文物保护单位的不可移动文物保护利用工作，妥善处理尚未核定公布为文物保护单位的不可移动文物保护与城乡建设的关系，建立健全尚未核定公布为文物保护单位的不可移动文物监管机制。地方人民政府、文物所有人和使用人落实保护管理责任，不断提升尚未核定公布为文物保护单位的不可移动文物的保护管理水平。尚未核定公布为文物保护单位的不可移动文物保护将是今后一个时期文物工作的重点，相关制度、工作机制都将有新的突破。

3. 加强国家考古遗址公园监测评估和管理

国家考古遗址公园是中国文化遗产保护领域的重要创新，充分体现了国际文化遗产保护理念与中国国情相结合。2009 年，国家文物局在大遗址保护利用工作取得初步成果的基础上，提出"国家考古遗址公园"概念，印发《国家考古遗址公园管理办法（试行）》。2010 年，国家文物局评定首批 12 处国家考古遗址公园和 23 处国家考古遗址公园立项单位，目前国家考古遗址公园已经增至 36 处，展现出前所未有的活力和生命力。国家考古遗址公园将大型古遗址保护利用融入所在区域经济社会发展，兼顾了文物安全与人民群众日益增长的公共文化服务需求，为国际文化遗产保护领域提供了中国案例和中国经验。2022 年，国家文物局发布了《国家考古遗址公园管理办法》，此次修订进一步明确了国家考古遗址公园建成后的监测评估、巡查要求，细化了国家考古遗址公园和国家考古遗址公园立项单位的退出机制。退出机制是国家考古遗址公园创建、评定、运营全过程管理的体现，也有利于督促和要求相关国家考古遗址公园管理单位科学建设、依法合规运营，是国家考古遗址公园管理制度的重要环节。

（三）科技创新

1. 全面强化科技创新支撑引领作用

文物科技创新能力是我国科技创新整体能力的重要组成部分，对推动文物事业高质量发展，支撑文化强国建设具有重要战略意义。《"十四五"文物保护和科技创新规划》设置专门篇章，对提升文物科技创新能力进行"全链条"布局。要求整体提升文物科技基础研究水平，构建符合我国文物资源特点的文物修复和预防性保护科技体系，同时加强科学研究与技术在应对文物灾害等方面的作用，用科技找到文物防灾减灾的"密码"；重点突破文物需求关键技术，面向文物防、保、研、管、用五大需求领域，突破一批关键材料、工艺、装备和集成技术，加快新技术、融媒体与文物资源间的技术转化与展示优化；全面优化文物科技创新发展体系，培育国家级文物科技创新基地，在国家重点实验室体系中布局科技考古和文物保护等方向，建立文物科技跨学科、跨部门的融合创新机制。经过国家文物局和工业和信息化部协调，文物装备产业基地最终落户重庆，拟打造成为集制造、实验、展示于一体的综合性产业园。湖南省科技厅加大了对文物保护科技创新的支持力度，在"社会发展"领域增加了"文物保护"模块。由湖南省文物考古研究所、湖南省博物馆、中南大学联合申报的"科技考古与文物保护利用湖南省重点实验室"获批立项，该实验室是湖南省文博行业第一个省级重点实验室，为湖南省文博行业搭建了一个区域科技创新平台和国际交流平台。

2023 年 10 月，中央宣传部、文化和旅游部、国家文物局、中央组织部、中央编办、国家发展改革委、教育部、科技部、工业和信息化部、公安部、财政部、人力资源和社会保障部、市场监管总局等 13 个部门，联合印发《关于加强文物科技创新的意见》（以下简称《意见》），《意见》结合文物领域科技发展现状和趋势，明确了"突出重点、筑牢基础、以人为本、改革创新"的基本原则。《意见》坚持目标导向和问题导向相结合，围绕落实科教兴国战略、人才强国战略、创新驱动发展战略，着眼建设文化强国、推动文物事业高质量发展的总体目标，针对我国文物科技有效供给不充分、文物科研机构小散弱、科技人才严重不足、科技资源配置不均衡、科技管理体制机制不健全等问题，从优化文物科技创新布局、建强文物科技创新平台、壮大文物科技创新人才队伍、完善文物科技创新激励机制等四个方面作出系统性部署，共提出 16 条举措。到 2025 年，面向国内领先、国际一流的远景目标，依托研究型文博单位、高校和科研院所，重点建设一批国家级和地区性文物科研机构；文物科研力量显著提升，形成科研方向稳定、结构合理的科研人才梯队；初步建成国家文物考古标本资源库和国家文物保护科学数据中心（文物大数据库）；在重点领域突破一批文物保护和考古关键技术，形成若干系统解决方案，建立健全文物基础研究、应用研究和科技成果转化的有效衔接机制。到 2035 年，建立跨学科跨行业、有效分工合作的文物科技创新网络，建成文物科技基础条件平台体系和共享服务机制，形成具有中国特色的文物科技创新系统性理论、方法与技术，文物保护、研究、管理和利用科技创新能力显著增强，更加有效地实现对文物本体及其历史、艺术、科学信息的永久保存和永续利用。

2. 国家重点研发计划引领文物科技创新

国家文物局加强顶层设计，不断引入社会优质科技资源开展联合攻关，探索多学科交叉的研究范式。在"十三五"国家重点研发计划"重大自然灾害监测预警与防范"重点专项中，设置了"文化遗产保护利用"专题任务，聚焦文化遗产价值认知与价值评估、文物病害评估与保护修复、文化遗产风险监测与防控、文化遗产传承利用等 4 个重点方向，先后部署了 30 余个研究项目，全国 200 余个科研团队参与科研攻关，多学科协同创新进一步深化。科技部通过国家相关科技计划不断加大支持力度，以国家科技计划项目为载体，开展跨行业跨学科联合攻关，不断提升文化遗产价值认知的科技支撑能力、文化遗产保护修复的科技创新能力、文化遗产传承利用的科技保障能力。以重点研发计划项目为抓手聚集各方合力，可以有效加快文物科技体系化、标准化进程，不断提升预防性保护水平，带动文物保护整体能力和水平提升。

3. 科技创新助推文物安全监管

近年来，科技手段在文物安全监管中发挥着越来越重要的作用，有效提升了监管效率和效能。国家文物局开展主动性的执法监管，利用卫星遥感、无人机、大数据、云计算等技术，对部分城市全国重点文物保护单位的保护范围和建设控制地带，以及部分长城段落保护情况进行遥感执法监测。结合遥感监测和现场踏勘情况，比对和分析"两线范围"内地物变化，查找违法违规建设特别是法人违法问题。这种"天上看、地上查"的工作模式，较好解决了一些地方不主动上报文物违法案件、日常监管和文物执法工作薄弱甚至"隐瞒不报、毫不知情"等问题，初步实现了执法监督的关口前移。

各地文物部门也积极利用科技手段加强文物监管和执法。河北、上海等一些省份对重点文物开展卫星遥感执法监测。山西、内蒙古、辽宁、河南等地探索利用无人机开展文物安全巡查。陕西省使用高新技术引领田野文物安全，在建成的安全防范系统中，热成像、觅光者、地音探测、高压高效细水雾、电气线路保护等高新装置和技术的应用，大幅提高了文物保护单位技术防范能力和水平。江苏、浙江、山东、重庆等省市集中设置了安全防护综合控制中心，通过建立综合执法监管平台，将文物监管视角前移，有效提升了执法预警能力，提升了文物安全智能化、信息化管理水平。

（四）模式创新

1. 推进革命文物片区保护利用

为贯彻落实中共中央办公厅、国务院办公厅《关于实施革命文物保护利用工程（2018—2022年）的意见》，中央宣传部、财政部、文化和旅游部、国家文物局按照集中连片、突出重点、国家统筹、区划完整的原则，于2019年和2020年先后公布两批革命文物保护利用片区分县名单，要求各有关地方和部门强化组织领导，加大支持力度，建立协作机制，形成整体合力，不断提升革命文物保护利用水平，更好发挥革命文物资源在弘扬革命精神、传承红色基因、促进经济社会发展、实现中华民族伟大复兴中国梦中的重要作用。

江苏省大力推进革命文物保护与利用。以片区保护为基础，通过加强对苏北、苏中、苏南、淮北、淮南等片区文物保护，推进革命文物集中连片保护利用工程，通过革命文物片区化保护利用推动区域联动发展。山东省开展了沂蒙革命片区相关的133项革命旧址、纪念地的保护和展示，大力发展红色旅游，推出"牢记初心使命，弘扬沂蒙精神"等红色旅游精品线路，培育形成沂蒙红嫂文化旅游节、沂蒙山小调音乐节等 12 个红色旅游节事活动品牌，红色旅游成为弘扬沂蒙精神的重要渠道。陕西、甘肃、宁夏文物局联合成立陕甘片区革命文物保护利用工作协调小组，建立联席会议制度，定期举行工作会议，共同谋划和推进陕甘片区革命文物保护利用重大合作项目。

2. 推动博物馆科学发展

国家文物局支持有条件的地区打造"博物馆之城"核心示范区、建设"博物馆小镇"。2021 年"5·18 国际博物馆日"，国家文物局与北京市人民政府签署了共建北京"博物馆之城"战略合作协议，以促进不同类型博物馆的有机融合；陕西西安、山西大同、江苏南京等地也都陆续拉开了"博物馆之城"建设的大幕。

北京市提出，优化全市博物馆布局，统筹不同层级、不同属性、不同类型博物馆协调发展，构建均等化、普惠化、便捷化的现代博物馆服务体系。重点支持朝阳、东城、西城等区和三山五园国家文物保护利用示范区建设博物馆集聚区。南京市提出，实施完善体系、提高质量、激发活力、提升管理四大举措，构建门类齐全、形式多样、地方特色凸显的博物馆类别体系，推动建成具有区域影响力、国际化水平较高的"博物馆之城"。西安市提出，优化博物馆体系布局、夯实博物馆发展基础、提升公共文化服务效能、激发博物馆创新活力四大举措。深挖周、秦、汉、唐文化内涵，推进建设标志西安文明形象的周秦汉唐主题博物馆群。大同市结合城市现状条件和总体规划布局，规划博物馆之城总体空间布局结构为"一核三轴三片区"，构建多元、平衡和包容的博物馆体系，为城市文明进程增辉添彩。

3. 创新交流协作模式

丝绸之路文物科技创新联盟、丝绸之路文化遗产保护工匠联盟、黄河流域博物馆联盟、成渝地区 17 个革命纪念馆合作发展联盟、陕西省文物科技保护创新联盟等创新联盟相继成立，充分整合多方资源和力量，发挥各自优势，共同解决文化遗产研究、保护、管理、利用、传承、发展等方面的重大问题，通过全方位交流与合作实现互惠共赢，守护人类共同的文化遗产。

2017 年 1 月，天水麦积山石窟、永靖炳灵寺石窟、庆阳北石窟寺三大石窟整建制划入敦煌研究院管理。这意味着敦煌莫高窟、西千佛洞、瓜州榆林窟、天水麦积山石窟、永靖炳灵寺石窟、庆阳北石窟寺这 6 处横贯东西、相距上千公里的甘肃精华石窟全部纳入敦煌研究院管理，正式开启了"敦煌模式"，至此，敦煌研究院成为中国文物管理单位最多、分布区域最广的综合性科研机构。石窟整体移交敦煌研究院管理，可以充分发挥敦煌研究院的长处，形成全省石窟文物保护一盘棋，破解文物管理、人才、技术方面的瓶颈问题，带动甘肃省重要石窟文物保护管理利用工作的提档升级，成功打造"甘肃石窟航母"，整体提升石窟保护研究、传承弘扬水平。

二、协调发展

党的二十大报告指出：深入实施区域协调发展战略。推进京津冀协同发展、长江经济带发展、长三角一体化发展，推动黄河流域生态保护和高质量发展。健全主体功能区制度，优化国土空间发展格局。协调发展是制胜要诀，是要找出短板，解决发展不平衡的问题。协调要着力推动区域协调发展、城乡协调发展、物质文明和精神文明协调发展，推动经济建设和国防建设融合发展[①]。

近年来，文物事业协调发展取得重大进展。在部门协作中，国家文物局持续发挥全国文物安全工作部际联席会议机制作用，推动文物安全工作纳入全国文明城市年度测评指标体系、全国安全生产与消防工作考核巡查范围，推动建立流失文物追索返还部际协调机制。北京将文物工作纳入北京全国文化中心建设"一核一城三带两区"总体框架，山东开展"文物保护利用赋能乡村振兴——守护乡土文化根脉行动"试点，长三角地区文物工作深度融入长三角一体化发展，甘肃省把历史文化名城名镇保护工作作为助力城市更新发展的重要抓手，文物工作越来越融入区域发展、乡村振兴中，融入经济社会发展大局。在区域协调中，京津冀文物执法协调合作机制、京津冀博物馆协同创新发展合作机制、宁夏和内蒙古四盟市长城保护工作联席会议制度、长三角地区文物博物馆一体化发展合作体系、川陕片区革命文物保护利用合作体制的建立，长城、长征、大运河、黄河、长江国家文化公园建设的推进，有利于发挥各自优势，在更大范围形成工作合力，提高文物工作的效力和效能，更好赋能经济社会发展，更好惠及民生。

（一）部门协调

1. 部门协作强化文物安全

依托全国文物安全工作部际联席会议制度，国家文物局坚持综合施策、

---

① 习近平：《深入理解新发展理念》，《求是》2019 年第 10 期（习近平总书记 2016 年 1 月 18 日在省部级主要领导干部学习贯彻党的十八届五中全会精神专题研讨班上讲话的一部分）。

分工协作、共同发力，积极参加国务院安委会安全生产和消防工作考核、全国文明城市测评，赋予文物安全部门协作新动能。会同公安部印发《关于加强文物博物馆单位治安防范工作的意见》，实施联防联控。联合应急管理部出台文物建筑和博物馆火灾风险防范指南及检查指引四项制度，印发关于加强革命文物建筑消防安全工作的通知，指导各地加强文物消防安全管理工作。会同最高人民检察院指导全国 20 个省份将文化遗产保护纳入公益诉讼范围，开展长城、大运河、革命文物检察公益诉讼专项行动。会同最高人民检察院、公安部召开文物行政执法与刑事司法衔接工作座谈会，指导地方加大联合执法和文物涉刑案件打击力度[①]。部门协作的不断深化有力推动文物安全长效机制不断完善，为文物资源提供更为坚实的屏障。

各地也积极加大部门协作力度。山东省文物部门会同公安、市场监督、应急等部门联合开展全省文物安全状况大排查、文物法人违法案件整治、严厉打击文物犯罪、文物流通市场整顿专项行动，有效维护文物安全。湖南省始终高度重视与公安、消防、气象部门的合作，在打击盗挖盗掘、提升火灾防控能力、加强汛期文物保护工作中，紧密配合，全省文物安全形势整体良好。陕西省推进全省文物安全大防控体系建设，在全国首创打击防范文物犯罪 10 项工作机制，连续 9 年与公安部门联合开展"鹰"系列打击防范文物犯罪专项行动，累计破案 2823 起，追缴涉案文物 16553 件。

2. 在国土空间规划编制和实施中加强历史文化遗产保护

历史文化遗产保护、文物保护与土地开发利用如何协调，是城市建设中常出现的问题。近年来，文物部门在将文物保护纳入国土空间规划方面取得进展。2021 年 3 月，自然资源部、国家文物局印发《关于在国土空间规划编制和实施中加强历史文化遗产保护管理的指导意见》（以下简称《指导意见》），明确要求，将历史文化遗产空间信息纳入国土空间基础信息平台；对历史文化遗产及其整体环境实施严格保护和管控；加强历史文化保护类规划的编制和审批管理；严格历史文化保护相关区域的用途管制和规划许可；健全"先考古、后出让"的政策机制。要纳入"一张图"平台，加强历史文化保护类规划的审批管理。国家历史文化名城保护规划成果编制阶段，省级人民政府自然资源主管部门应提请自然资源部组织审查；文物保护类专项规

---

① 杜凡丁、殷连生、张伟：《强化文物资源管理 筑牢文物安全底线》，《中国文物报》2022 年 2 月 11 日。

划、历史文化名城名镇名村街区保护规划批复前，省级人民政府自然资源主管部门应核实保护规划与相关国土空间规划衔接及"一张图"核对情况；经批复的文物保护类专项规划、历史文化名城名镇名村街区保护规划主要内容要纳入详细规划，并叠加到国土空间规划"一张图"监督实施。为贯彻落实《指导意见》精神，陕西开展省级以上文物保护单位地形测绘项目，推动文物保护纳入国土空间规划；重庆推动文物保护纳入国土空间规划"一张图"管理，涉及文物保护的规划选址、可研、建设纳入基本建设和城市规划建设的并联审批；宁夏将文物保护纳入大生态保护范畴；文物保护利用工程坚持与生态环境、自然资源等部门联审联批，积极推动文物保护"两线"纳入国土空间规划；在大运河国家文化公园建设中，大运河沿线8个省市均编制发布大运河核心监控区空间管控规定。

2021年6月，由自然资源部牵头编制《全国国土空间规划纲要（2021—2035年）》（以下简称《纲要》），《纲要》是对全国国土空间作出的全局安排，是国土空间保护、开放、利用、修复的政策总纲和空间蓝图，对各地区各部门起草专项规划具有指导约束作用。国家文物局在与自然资源等部门充分沟通，分别就历史文化与城乡空间融合、构建整体国家遗产保护空间体系、落实各类文化遗产保护管控要求、注重历史文化资源富集地区保护、加强农业文化遗产和地下文物埋藏区保护等提出要求，将相关内容纳入《纲要》，旨在为文物保护利用融入经济社会发展全局破除体制性障碍，为强化城乡建设中的文物保护管理工作奠定坚实基础。

3. 将文物保护纳入国家防灾减灾体系

文物防灾减灾工作是文物安全的长期任务，也是当前的紧迫工作。"文物防灾减灾工作虽以文物部门为主体，但在灾害发生过程中和灾后紧急抢险时，属于社会性重大突发事件，应按照国家应急管理制度组织实施，调集相关部门共同参与、快速联动。同时，要充分发挥文物所在地居民的积极性，组织更多社会力量参与。因此，应将文物防灾减灾纳入国家和地方应急管理体系"[①]。

近年来，国家文物局积极推进文物防灾减灾工作：文物防灾减灾工作纳入地方防灾减灾体系，纳入灾害普查，突出重点、分类施策，指导各地做好灾情应对，加强预防性保护。2021年6月，国家文物局发布《关于加强桥

---

① 张大玉：《多措并举提高文物古建防灾减灾能力》，《光明日报》2021年10月25日。

梁文物防灾减灾工作的意见》，明确要求，地方各级人民政府应将本行政区域内的文物纳入防灾减灾体系，组织协调各相关部门加强信息共享、监测预警、应急演练和人员培训等，统一协调实施抢险救灾。同时，强调地方人民政府应做好协调，确保在防洪、国土空间规划、周边建设活动、使用管理等涉及桥梁文物防灾减灾的各个方面实现跨部门协作。国家文物局负责定期开展桥梁文物防灾减灾专项检查和技术指导。2021 年 7 月，国家文物局印发《关于加强汛期文物安全工作的紧急通知》，要求全国各级文物行政部门和各文物博物馆单位密切关注汛情，及时预警预报；加强巡查排险，完善应急措施；强化防汛救灾措施，全力防灾减灾；加强值守备勤，妥善处置险情。并决定动用文物突发事件应急处理项目资金，支持河南受灾文物应急、支护、抢险及勘察勘探等，确保受灾文物第一时间得到保护。

2021 年夏天，河南、山西等省遭遇特大暴雨灾害，众多文物单位密集地区遭受严重灾害，部分博物馆和考古工地有渗漏进水情况，多处全国重点文物保护单位、省级重点文物保护单位遭受不同程度水毁险情。为有效提高应对自然灾害能力，山西等省份出台应急预案，切实加强灾前应急准备，落实防灾减灾措施，尽快减少和避免文物所受破坏和损失。当前，中国文化遗产研究院正在积极推进国家文化遗产科创中心建设，国家文化遗产防灾减灾应急指挥平台是科创中心的重要组成部分，将在文物防灾减灾工作中发挥积极作用。

4. 文物部门与司法、纪检监察等部门加强合作

2015 年 12 月，最高人民法院、最高人民检察院联合出台了《关于办理妨害文物管理等刑事案件适用法律若干问题的解释》，对相关妨害文物管理犯罪的定罪量刑标准和有关法律适用问题作出明确；2018 年 6 月，最高人民法院、最高人民检察院、国家文物局、公安部、海关总署联合发布《涉案文物鉴定评估管理办法》，进一步规范涉案文物鉴定评估工作；2022 年 9 月，最高人民法院、最高人民检察院、公安部、国家文物局联合发布《关于办理妨害文物管理等刑事案件若干问题的意见》，对办案实践中迫切需要解决的法律适用问题作出回应，以更好地指导办案实践，依法严惩文物犯罪。

针对当前文物犯罪活动新动向新特点，公安部会同国家文物局多次部署开展打击防范文物犯罪专项行动，组织指挥各地公安机关迅速行动、重拳出击，破案件、抓逃犯、缴文物、断链条，对各类文物犯罪尤其是盗掘古文化遗址、古墓葬、盗窃石窟寺石刻、古建筑及其构件、盗窃损毁革命文物等犯

罪发起凌厉攻势，取得显著成效，有力打击和震慑了文物犯罪。下一步，公安部将不断强化与文物等部门协同作战，健全完善长效机制，打好整体仗合成仗，坚决遏制文物犯罪案件多发势头，切实守护国家文物安全。

山西省人民检察院和省文物局联合印发《关于在检察公益诉讼中加强协作依法做好文物保护利用工作的通知》，明确提出，检察院机关与文物部门将加强合作。一是建立线索交流机制，即线索移送反馈、信息共享、共同研判线索。二是建立办案协作机制，即管辖通报、办案协作、诉前沟通。三是依法起诉和应诉，即检察机关依法提起公益诉讼、行政机关依法参与诉讼活动。四是建立日常联络机制，即日常联系、应急处置、组织人员交流培训、深入开展法治宣传。

内蒙古建立破坏文化遗产问题线索移送工作制度，对破坏文化遗产案件涉及地方党委、政府公职人员失职、渎职、不作为、违法违规等问题移交纪委监委进行查处。

江苏省出台《文物安全与违法犯罪案件上报规定》和《文物行政执法与刑事司法衔接工作的规定》，建立健全文物行政执法与刑事司法衔接机制，要求各级人民检察院、公安机关、文物行政部门严格依法做好文物行政执法与刑事司法衔接工作，建立健全文物行政执法与刑事司法衔接工作联席会议、线索通报、案件咨询、信息共享以及涉案文物处置等制度，严厉打击文物违法犯罪行为，为共同组织开展文物违法案件查处提供了重要的制度保障。

河南省出台《河南省文物法人违法案件移交办法》，明确了文物部门向纪检监察机关移送党政领导干部或国家公职人员涉嫌渎职案件相关程序。

重庆市人民检察院印发了《关于拓展公益诉讼案件范围的指导意见（试行）》，要求全市检察机关积极稳妥办理文化遗产保护领域公益诉讼案件。重庆市人民检察院与市文化旅游委（市文物局）签署《文化遗产领域检察公益诉讼协作协议》，规定双方应建立对口联系、信息通报、线索移送、联合开展专项行动、双出现场、办案协作、专业支持、诉前沟通和依法起诉应诉、人才交流和联合宣传等九项协作机制，明确将文化遗产保护纳入公益诉讼案件范围。同时，重庆市文化旅游委（重庆市文物局）聘请6名检察官担任特邀文物保护专员，重庆市检察院聘请6名文物工作者担任特邀检察官助理，为开展文化遗产领域检察公益诉讼保驾护航。

甘肃省在全国首个联合纪委监委、公检法等八部门出台《甘肃省涉案文物管理移交暂行办法》，从"一般规定""鉴别暂存""安全保管""鉴定评估""文物移交""工作机制""奖励处罚"7个方面对涉案文物管理移交各个环节做出了14条具体规定，涵盖涉案文物保护管理移交的全流程，为进一步规范和加强全省涉案文物保护管理工作提供了制度支撑。甘肃是全国首个出台涉案文物管理移交规范的省份，探索创新了文物主管部门与办案机关之间的沟通协调机制，率先蹚出了一条涉案文物保护管理新路子，在确保文物安全和加强国有文物资源资产管理方面取得新突破。

（二）区域协调

京津冀文物执法协调合作机制。2016年3月，北京市文物局、天津市文化市场行政执法总队、河北省文物局在北京签署《京津冀文物执法协作体框架协议》，三地就如何通过片区协作携手做好文物执法工作和文物安全保护工作达成一致。根据协议，三地将打造文物执法全方位战略协作关系，共同探索执法工作资源共享的途径。开展三地交界文物保护单位及其他文物遗存的联合巡视检查和执法监督，协助查处文物违法案件；调动三地专家资源，共同培养专业人才，选派专业人员赴具有比较优势的地区委托培养；打造三地文物执法工作宣传平台，实现互联互通等。在保障机制上，三地建立片区联席会议制度，每年定期就合作发展中的重点事项进行集体磋商，统一部署落实，共同研究制定下一年度专项协作计划和实施方案。

京津冀博物馆协同创新发展合作机制。2018年5月，北京市文物局、天津市文物局、河北省文物局、故宫博物院、中国国家博物馆、恭王府博物馆、北京鲁迅博物馆共同签署《京津冀博物馆协同创新发展合作协议》。协议各方一致同意联合建立"京津冀博物馆协同发展领导联席会议"制度，指导制定专项合作规划、工作计划和年度预算，落实政策和资金支持，协调解决战略合作中的相关政策问题。三地博物馆将围绕统筹强化规划部署，共同推进京津冀博物馆建设一体化；联合开展科学研究，加强博物馆藏品资源整合和开放共享；围绕国家战略部署、突出合作重点，提高城乡区域文化协调发展水平；促进馆际交流合作，促进京津冀区域内博物馆资源、技术、人才等要素的合理流动；携手促进博物馆全面融入社会生活，推进智慧博物馆建设，建设博物馆生活圈等五个方面展开全方位合作。

宁夏和内蒙古四盟市长城保护工作联席会议制度。长城作为宁夏、内蒙古交界，以墙顶中心线为界，各管一边的管理保护体制，给双方工作都带来诸多不便，在不断更新的行政区划过程中，变更频繁的交界地段往往容易造成管理保护的真空地带。宁夏和内蒙古的银川市、吴忠市、阿拉善盟、鄂尔多斯市共同建立长城保护工作联席会议制度，通过跨区域联动更好地保护长城。联席会议旨在加强长城保护职能部门之间协作，发挥各自优势，形成工作合力，努力探索建立、完善长城保护工作长效机制。

长三角地区文物博物馆一体化发展合作体系。2019 年 11 月，江浙沪皖三省一市文物局签署《长三角地区推动文物博物馆一体化发展战略合作框架协议》，明确三省一市文物行政主管部门要按照平等协商、服务大局、开放共享、互助共赢、创新引领的合作原则，通过加强信息互通、资源整合和人才交流，加大高品质优秀文化产品供给，构建、优化区域文博公共服务网络体系，从而提升长三角文化建设发展的竞争力、影响力、传播力和辐射力，实现文博领域基本公共文化服务均等化、便捷化，满足人民日益增长的美好生活需要。

长三角文物市场一体化合作体系。2021 年 12 月，上海市文物局、江苏省文物局、浙江省文物局和安徽省文物局正式签署《长三角文物市场一体化规范发展战略合作框架协议》，建立全国首个区域性文物市场一体化合作体系。三省一市将通过政府推动、资源整合、项目互动、政策引导、机制探索等方式，创建长三角地区资源集聚、要素集约、业态集群、效益集成的社会文物保护利用新高地，共同打造文物市场一体化规范发展合作平台。在每年春秋两个拍卖季，三省一市将统筹组织长三角地区文物经营主体参加国际艺术品交易月、中国国际文物艺术品交易博览会。此外，还将探索建立文物市场主体和从业人员诚信系统和失信登记制度，形成以信用为核心的区域市场监管机制和质量评价体系，并发布文物交易市场黑名单。

川陕片区革命文物保护利用合作体制。2019 年 11 月，陕西、重庆和四川三省（市）文物局签署《川陕片区革命文物保护利用合作协议》，宣布共同推进川陕片区革命文物集中连片保护，开展川陕片区红军文化公园建设，将其打造成国家级红色文化公园。协议规定：加强革命文物资源调查研究，开展革命文物集中连片保护利用，建立共享革命文物资源数据库；推进长征国家文化公园、川陕苏区红军文化公园建设；组建红色文化公园宣传联盟，开展红色文化公园整体品牌塑造和营销推介。

川陕渝联动推进文物保护利用。2020 年 9 月，陕西省文物局与四川省文物局、重庆市文物局签署《加强文物保护利用战略合作协议》（以下简称《协议》），明确三省市加强文物工作业务沟通，强化文物保护利用合作，探索文物保护利用改革新路径，推进三省市文物事业协同发展，助力文化旅游事业发展。《协议》明确，联合开展文物资源调查勘探和考古发掘，共建共享考古资料数据库和考古成果。加强三省市在壁画、土遗址、石窟寺、石刻等方面文物保护技术合作。加强三省市文物收藏单位在文物保护修复、学术研究、陈列展览、数字化智慧化建设、社会教育、科技创新、文创开发等方面全方位开展交流合作。建立文物安全区域合作、文物安全平台数据共享和文物行政执法协作机制。

三、绿色发展

党的二十大报告指出：大自然是人类赖以生存发展的基本条件。尊重自然、顺应自然、保护自然，是全面建设社会主义现代化国家的内在要求。必须牢固树立和践行绿水青山就是金山银山的理念，站在人与自然和谐共生的高度谋划发展。加快节能降碳先进技术研发和推广应用，倡导绿色消费，推动形成绿色低碳的生产方式和生活方式。绿色发展，就是要解决好人与自然和谐共生问题，是社会主义生态文明和现代化经济体系建设的必然要求。生态文明建设以建设美丽中国为目标，以正确处理人与自然关系为核心，要树立发展和保护相统一的理念，坚持发展是硬道理的战略思想，发展必须是绿色发展、循环发展、低碳发展，平衡好发展和保护的关系，按照主体功能定位控制开发强度，调整空间结构，给子孙后代留下天蓝、地绿、水净的美好家园，实现发展与保护的内在统一、相互促进[①]。

2021 年 10 月，中共中央办公厅、国务院办公厅印发《关于推动城乡建设绿色发展的意见》，明确要求：规范绿色建筑设计、施工、运行、管理，鼓励建设绿色农房。推进既有建筑绿色化改造，鼓励与城镇老旧小区改造、农村危房改造、抗震加固等同步实施。大力推广超低能耗、近零能耗建筑，发展零碳建筑。建立完善城乡历史文化保护传承体系，健全管理监督机制，完善保护标准和政策法规，严格落实责任，依法问责处罚。开展历史文化资源普查，做好测绘、建档、挂牌工作。建立历史文化名城、名镇、名村及传统村落保护制度，加大保护力度，不拆除历史建筑，不拆真遗存，不建假古董，做到按级施保、应保尽保。完善项目审批、财政支持、社会参与等制度机制，推动历史建筑绿色化更新改造、合理利用。建立保护项目维护修缮机

---

① 中共中央、国务院：《生态文明体制改革总体方案》，2015 年 9 月 21 日。

制，保护和培养传统工匠队伍，传承传统建筑绿色营造方式。

2021 年 5 月，住房和城乡建设部等 15 部门印发《关于加强县城绿色低碳建设的意见》，明确要求：保护传承县城历史文化和风貌，保存传统街区整体格局和原有街巷网络。不拆历史建筑、不破坏历史环境，保护好古树名木。加快推进历史文化街区划定和历史建筑、历史水系确定工作，及时认定公布具有保护价值的老城片区、建筑和水利工程，实施挂牌测绘建档，明确保护管理要求，确保有效保护、合理利用。及时核定公布文物保护单位，做好文物保护单位"四有"工作和登记不可移动文物挂牌保护，加大文物保护修缮力度，促进文物开放利用。落实文物消防安全责任，加强消防供水、消防设施和器材的配备和维护。县城建设发展应注意避让大型古遗址古墓葬。

2021 年 12 月，国家文物局印发《关于文物领域贯彻新发展理念落实绿色低碳发展举措的通知》（以下简称《通知》），要求加强城乡文物保护，坚持节约优先。各级文物行政部门要积极参与城乡建设绿色低碳转型，将文物保护与城市更新、城镇老旧小区改造、城中村改造、集中成片开发等相结合，始终把保护放在第一位，确保文物本体安全，维护文物周边环境安全，保护和延续以文物资源为载体的城乡历史文化风貌。特别是在保存文物丰富、老旧建筑集中的地区，严厉杜绝大拆大建、拆真建假，加大保护修缮力度，促进活化利用、开放共享，支持文物建筑、革命旧址开辟为公共设施或文化场所、因地制宜提供公共服务，鼓励依托老旧建筑改建博物馆纪念馆。提高文物领域节能降碳水平。科学规划确定博物馆纪念馆、文博数据中心、文物安全消防工程、考古遗址公园等建设规模，加强设计、施工和运行管理，推行绿色低碳建造方式，推广应用绿色建材。合理布局建设革命纪念设施，体现应有功能和内在精神，严厉杜绝贪大求洋。积极引进应用先进适用技术，有序开展既有建筑和设施的节能改造、功能提升、整合优化，不断降低运营维护成本。在文物保护工程中积极推行绿色施工，注意保护周边环境。鼓励博物馆纪念馆和开放的文物保护单位实施分区分时等精细化管理，推进节约用能、节水护水、资源循环利用。倡导绿色低碳生产生活方式，稳步推进绿色办公、绿色出行、绿色采购，坚决遏制奢侈浪费和不合理消费。深入挖掘阐释文物价值，积极开展绿色低碳宣传普及。《通知》对各地推动文物保护与周边环境整治、生态环境保护协同发展，助推美丽中国建设具有重要的指导意义。

浙江省通过深入学习和广泛宣传教育，让"绿水青山就是金山银山"

理念深入人心，成为推进"千万工程"①的自觉行动，把可持续发展、绿色发展理念贯穿传统村落保护利用、改善农村人居环境的全过程，扎实持续推进污水、垃圾、厕所"三大革命"，改善农村人居环境；大力发展绿色产业，增加农民收入。将传统村落保护工作与乡村振兴、美丽宜居示范村建设、美丽城镇建设、农村住房建设试点、大遗址保护等工作有机结合起来，进一步创新和完善传统村落保护的各项机制体制；同时，切实抓好传统村落文物建筑、传统建筑的保护和修缮工作，探索更科学有效的修缮材料和技术，使保护修缮真正落地有效；此外，坚持古建保护和人居环境及基础设施改善等相统筹，提升村落整体环境和景观风貌，依托优美的生态环境和历史文化遗存等基础，在全力做好保护工作的同时，积极探索以用促保，用保互促，推动历史文化村落建设成果向活化运用成果转化，美丽村落向美丽经济发展。

山东省正确处理文物保护与生态保护、文物安全与生态安全的关系，在加强文物本体保护的同时，统筹优化区域生态环境，丰富城乡文化内涵，提高文物领域节能降碳水平，助推美丽中国建设。一是在齐长城、大运河、黄河国家文化公园建设规划中合理划定"管控保护区"，做到文物保护规划与生态保护等规划"多规合一"。统筹文物保护与生态保护区、旅游景区建设，在保持文物原真性、延续性的同时，促进文化遗产与生态环境和谐共生。二是对文物资源丰厚、具有鲜明特色的区域实行整体性保护，维护和培育文化生态。实施"七区四带"片区保护和重点项目带动，形成整体保护、协同推进、布局合理的保护格局。三是坚持绿色环保理念，推行文物保护项目绿色施工。在保存文物丰富、老旧建筑集中的地区，在齐长城、大运河等土遗址保护中，统筹好抢救性保护和预防性保护，坚决杜绝大拆大建、拆真建假。在曲阜"三孔"、泰山等古建筑及彩绘保护修复工程中，采用传统工艺，推广应用绿色建材。在考古勘探发掘项目中，加强环保施工管理，注重遗址、工地与周边环境的和谐。四是在安全工程中实行节约优先、绿色转型。

重庆市坚持把文物保护与周边环境改善结合起来，将广阳岛抗战遗址群打造为"广阳时光生态文化营"，依托安达森洋行旧址建成故宫文物南迁纪念馆，将重庆徐悲鸿旧居建成徐悲鸿美术馆，老鼓楼衙署遗址公园建设取得

---

① 千村示范、万村整治。

阶段性成果，朝天门、太平门、人和门等重庆古城墙遗址整体保护展示加快推进，进一步丰富提升了城市人文内涵。

陕西省注重大遗址周边环境的优化美化，作为城市绿地和市民的休闲场所向公众免费开放。推动大遗址周边区域的土地转让、房地产开发等市场化运作，间接获得因大遗址保护和环境改善所产生的经济价值和收益回报，同时也改善了城市面貌，提升了城市文化品质。以西安市雁塔区政府实施的汉杜陵遗址公园为代表的"退耕还林模式"，利用国家退耕还林的各项优惠政策，使用国家退耕还林的生活补助经费保障遗址区群众的基本生活，引导遗址区内群众将土地全部退耕还林，调整农业产业结构，在遗址区内发展高效经济林木和花卉产业，既绿化美化了遗址区整体环境，又减少了群众农业生产对遗址的破坏，还保障和提高了群众生活水平。

宁夏坚持文物保护与生态保护协调一致的工作理念，将文物保护纳入大生态保护范畴；文物保护利用工程坚持与生态环境、自然资源等部门联审联批，积极推动文物保护"两线"纳入国土空间规划。西夏陵国家考古遗址公园建设中，累计拆迁各类建筑18万平方米，环境整治和恢复面积达7.5平方公里。实施贺兰山岩画防洪、须弥山石窟水害治理等一批保护性基础设施建设项目，在加强文物保护同时对周边环境进行治理，促进文物与自然环境的和谐共生。

南京市文物保护志愿服务行动自觉将绿色环保作为文物巡查的重要内容和努力方向。南京市文物保护志愿者总队第二分队与南京紫金山生态环保志愿大队结对子，制度化组织开展文保环保联合巡查。每年"南京国际梅花节"期间，文物保护志愿者都会身穿红马甲、胸挂巡查证，在梅花山石象路进行文明赏梅宣传，劝导游客不攀爬文物、不折损花枝、不乱丢垃圾。80多岁文物保护志愿者陈时民教授在参加第三分队集体巡查时，躬身为"李香君之墓"清理杂草、捡拾垃圾，受到队友们礼赞。文物保护志愿者发现全国重点文物保护单位象山王氏家族墓地缺乏日常维护、存在环境卫生问题后，及时向有关部门反映。宝塔桥街道牵头成立整治突击小分队，开展地毯式大扫除。经过2小时集中整治，清扫绿地6000平方米，清理垃圾2吨，有效改变了该片区脏乱差现象。

延安市科学制定革命文物保护规划，将革命文物保护利用纳入市县"十四五"经济社会发展规划、国土空间规划、城乡建设规划、生态环保规划和文化旅游等产业发展规划，按照"多规合一"要求，优化革命文物保护利用空间布局，实现国土空间开发与革命文物保护利用"一张图"。坚持节约优先，积极参与城市绿色低碳转型，统筹实施中心城区改造、居民下山和旧址周边环境整治提升工程，为城区旧址文物保护腾出更多空间，实现保护文物旧址和拓展城市空间双赢。

四、开放发展

党的二十大报告指出：坚持高水平对外开放。推动共建"一带一路"高质量发展。优化区域开放布局，巩固东部沿海地区开放先导地位，提高中西部和东北地区开放水平。开放发展的要义是解决发展内外联动问题。当今世界是开放的世界，世界各国的经济和文化联系越来越紧密，你中有我，我中有你。开放发展理念对于各国携手构建人类命运共同体，促进人类文明交流互鉴具有重要意义。文物交流是促进双边关系改善的润滑剂和催化剂，不同文明只有相互理解、相互尊重，才能交相辉映、相得益彰。

近年来，围绕外交和援外布局，我国政府相继与数十个"一带一路"沿线国家签署文化遗产领域交流合作双边协定或谅解备忘录，共同打击盗窃盗掘和非法进出境文物行为，共同开展文化遗产保护行动，涉及博物馆展览交流、联合考古、联合申遗、文物保护修复、学术交流与技术合作、人才培养等多个领域，框架初步形成，规模不断扩大，机制不断完善，国际影响力持续提升，展现了巨大的发展潜力。

国际文化遗产交流互鉴不断深入。积极落实亚洲文明对话大会倡议，搭建亚洲区域专业合作交流平台，推动亚洲文化遗产保护行动务实开展；持续推进在柬埔寨、尼泊尔、缅甸、乌兹别克斯坦等"一带一路"沿线国家实施文物保护修复援助项目，让中国的文物保护理念助力世界文化遗产保护与传承，保护成效赢得受援国政府和广大民众、国内外专家的一致认可和高度好评；落实《中国—中东欧国家合作索菲亚纲要》，承办"第二届中国—中东欧国家文化遗产论坛"；为塞尔维亚、缅甸等国的世界遗产申报工作提供技术咨询，对哈萨克斯坦、吉尔吉斯斯坦两国丝绸之路遗产点的保护提供技术支持，在世界文化遗产领域承担更多责任与义务，彰显有担当、有作为的大国形象。

文物追索返还成果前所未有。党的十八大以来，共实现 29 批次、1700余件/套流失文物艺术品回归祖国。2019 年 3 月，习近平总书记访问意大利，与意大利总理孔特共同见证 796 件流失文物返还，这是我国历史上第一次由国家元首出席文物返还仪式，在元首外交中安排文物追索返还议题，具有标志性的划时代意义。2019 年 2 月，美国政府向我国返还 361 件 / 套流失文物，成为目前美方对我国最大规模文物返还。2020 年 10 月，最后一批 68 件走私文物从英国伦敦警方顺利追索回国，为我国政府持续 25 年的跨国文物追索行动画上了圆满句号。圆明园鼠首、兔首、马首、青铜虎鎣，两册《永乐大典》，山西太原天龙山石窟第八窟石雕佛首等重要文物相继回归，有力振奋了民族精神、鼓舞了国民士气、坚定了文化自信。

　　文物进出境展览成为促进中外人文交流和友好交往的"亮丽名片"。"文物带你看中国"数字展示系统实现 30 个海外中国文化中心全覆盖，逐步取得国外博物馆落地突破。配合"一带一路"建设，打造丝绸之路文化展览品牌。推出赴中东欧国家"华夏文明洲际行"活动，"华夏瑰宝展"系列基本覆盖东欧地区，"秦汉文明""秦始皇和兵马俑展""四川古代文明特展"等展览在国外引发热烈反响，掀起中国文化热潮，中华文化影响力显著提升。通过多领域的交流合作，不仅促进了各国文物保护理念的交流融合，而且增进了不同文化、不同民族间的理解和尊重。2016~2020 年全国文物业国际合作交流项目和活动情况如图 1 和图 2 所示：

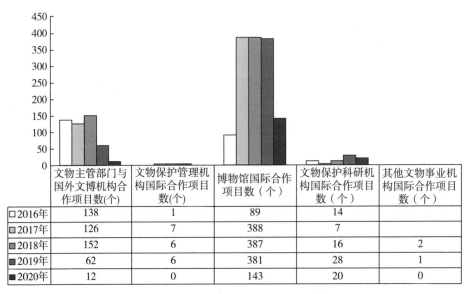

	文物主管部门与国外文博机构合作项目数(个)	文物保护管理机构国际合作项目数(个)	博物馆国际合作项目数（个）	文物保护科研机构国际合作项目数（个）	其他文物事业机构国际合作项目数（个）
□2016年	138	1	89	14	
2017年	126	7	388	7	
2018年	152	6	387	16	2
2019年	62	6	381	28	1
■2020年	12	0	143	20	0

图 1　文物业开放情况统计

（数据来源：全国文物业统计资料）

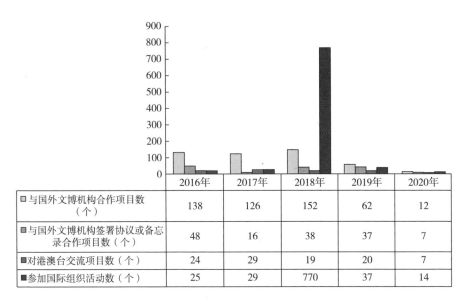

	2016年	2017年	2018年	2019年	2020年
■与国外文博机构合作项目数（个）	138	126	152	62	12
■与国外文博机构签署协议或备忘录合作项目数（个）	48	16	38	37	7
■对港澳台交流项目数（个）	24	29	19	20	7
■参加国际组织活动数（个）	25	29	770	37	14

图2 文物主管部门开放情况统计

（数据来源：全国文物业统计资料）

　　各地积极推动文化遗产国际交流合作，在世界遗产申报管理、文物出入境展览、文物保护修复、联合考古、学术交流等领域取得丰硕成果。

　　北京市以中轴线申遗工作为契机加强国际合作交流，连续四年举办国际学术研讨活动。博物馆国际化水平也不断提升，北京市着力提升博物馆涉外接待能力，培育具有多语种导览能力的专业博物馆，培训一批具有外语讲解和涉外接待能力的专业讲解员，推动一批精品博物馆、特色博物馆成为外交外事活动场地。建立出境展览项目储备库，深入挖掘中华优秀传统文化精髓，弘扬中华文化蕴含的人类共同价值，推出一批中国故事、国际表达的文物外展品牌。探索博物馆研究国际化，支持有条件的大型博物馆与海外博物馆、研究机构联合申报科研课题、建立联合实验室、互派访问学者，支持北京地区博物馆高质量学术成果在海外出版发行。

　　吉林省积极开展境外考古活动，与俄罗斯等国开展了联合考古工作，搭建了多层次、机制性文物交流考古合作平台。推动实施品牌战略，打造博物馆出境展览精品项目，引进优质境外展览，积极加入"一带一路"沿线博物馆联盟，增强吉林文化的国际传播力、影响力。

　　上海市依托浦东新区的制度基础、开放优势、战略地位和资源禀赋，上海市文物局和浦东新区政府共同推进"上海国际文物交易中心"建设,促进文物艺术品交易市场主体资源、专业人才资源、藏家资源等快速集聚,形成规模化效应。依托全球最大的一站式服务综合体——上海国际艺术品保税服务中心的硬件优势,强化交易中心保税仓储、运输等配套功能,打造文物流通全链条一站式综合体。强化社会文物改革试点举措与"进博会"平台的叠加效应,第四届"进博会"首次设立的文物艺术品展区,吸引来自英国、西班牙等 10 余个国家和地区以及中国香港等地的 20 家境外机构参展,9 家机构的 41 件作品完成交易,总成交额 7.6 亿元。

山东文物部门和文博单位与境外文博机构签署了合作交流框架协议和备忘录,与美国、日本、韩国、瑞士、以色列等国家的文物考古单位建立了合作关系。在全国率先打造了以博物馆为主题的文化和旅游推介形式,在日本、韩国举办的好客山东文化旅游推介会上专设了博物馆展演区,为文化旅游在海外融合营销蹚出了新路子,并通过统筹规划文物外展等方式,打造了"永远的孔子"等文物品牌展览数十个。配合外交外事、经济和文化活动,在活动周、友好城市交往、博览会、文化节和庆典活动等平台上,举办文物交流活动,丰富了对外交流的内涵和途径。

陕西文物展览作为"外交使者""金色名片",日益成为中华文化的承载者和传播者,"十三五"期间陕西省共组织出入境展览 48 个,其中出境展览 30 个,引进展览 18 个。陕西省积极参与"一带一路"文物保护交流合作和亚洲文化遗产保护行动,成立"丝绸之路考古合作研究中心",稳妥开展境外田野考古发掘和研究工作,组织陕西省考古研究院、西北大学与中亚三国开展联合考古,成为丝绸之路经济带建设文化先锋。先后赴缅甸、尼泊尔、乌兹别克斯坦等地开展援外文物保护修复项目。"秦兵马俑史密森尼数字教育"项目获得世界遗产教育创新奖,"公输堂彩绘保护国际培训"两项活动获中国机构海外传播"海帆奖"。

甘肃省抢占"一带一路"文化制高点,配合国家重大外交活动,实施文物外展精品工程,连续在丝路沿线 10 多个国家举办文物外展 30 多个,在国际社会发出甘肃文博声音。坚持"请进来"与"走出去"相结合,指导敦煌研究院参加金砖国家人文交流论坛、中法文明对话会等活动,配合国家外交活动在国内外举办多个高端国际学术交流活动,《莫高窟与吴哥窟的对话》入选优秀国产纪录片,组织专家学者参加各类国际学术活动,持续推进与国际多个机构的合作,引进或与境外机构联合举办国外展览 10 余个,不断拓宽与

"一带一路"沿线国家在文物保护领域的交流合作。

宁夏积极加强与国外博物馆合作，先后在意大利、比利时等国举办文物展览，利用银川作为中阿博览会永久会址的机遇，积极推出地域特色展览和展示活动，有力地推动了宁夏文化走出宁夏、走向世界，提高了宁夏的知名度和文化影响力。

五、共享发展

党的二十大报告指出：坚持以人民为中心的发展思想。维护人民根本利益，增进民生福祉，不断实现发展为了人民、发展依靠人民、发展成果由人民共享，让现代化建设成果更多更公平惠及全体人民。共享发展理念注重解决社会公平正义问题，其实质就是坚持以人民为中心的发展思想，反映了坚持人民主体地位的内在要求，彰显了人民至上的价值取向。文物资源是公共资源，文物保护具有公共性、公益性的特点，共享是文物保护利用的出发点和落脚点，新发展阶段文物保护利用的使命就是更好地维护人民的文化权益，使人人都能够平等地享有文物保护利用成果，不断满足人民日益增长的美好生活需要。

近年来，文物工作与文化强国建设、新型城镇化建设、乡村振兴、区域协调等国家发展战略紧密结合，与让文物活起来的时代要求紧密结合，坚持以人民为中心的发展思想，坚持创造性转化、创新性发展，不断满足人民日益增长的美好生活需要，大力推动"互联网＋中华文明"行动、文物资源数字化共享、智慧博物馆建设等，文物工作越来越融入经济社会发展，文物保护成果不断惠及百姓生活，人民群众的获得感、幸福感、满足感不断提升。2021 年 11 月 24 日，中央全面深化改革委员会第二十二次会议审议通过了《关于让文物活起来、扩大中华文化国际影响力的实施意见》，提出要创新转化手段，完善体制机制，开展创新服务，使文物更好融入生活、服务人民。这是对共享理念提出的新要求和新期待。

在历史文化名城名镇和传统村落保护、考古遗址公园建设过程中，不仅有效改善了当地的生态环境、居民的生产生活条件，而且在一定程度上带动了区域产业结构调整和升级，带动了城市复兴和乡村振兴，老百姓得到实实在在的经济利益，生活品质不断提升，切实享受到文物保护利用的成果。36处国家考古遗址公园年接待游客 3460 万人次，"十三五"期间累计接待游客 1.54 亿人次，展现出前所未有的活力和生命力。世界文化遗产有效带动了遗产所在地经济社会和文化发展，改善了当地居民的生活环境，各世界文化遗产地年接待游客超 3 亿人次，给当地带来了真正的实惠。

全国博物馆、纪念馆免费开放是党中央、国务院在公共文化领域最大的一项惠民政策，该政策实施以来，博物馆领域基本实现公共文化服务均等化，人民群众可以零门槛享受文化发展成果，这是共享发展理念在文博领域的突出成就，在很大程度上改变了国人的生活方式。"博物馆热"渐成大势，全国备案博物馆中，约 90% 实现免费开放，年均举办教育活动 30 万余次，年均举办展览 2 万余个，年均参观 10 多亿人次。博物馆与学校教育资源深入融合，教育部、国家文物局联合印发《关于利用博物馆资源开展中小学教育教学的意见》，每年超过 2.8 亿人次未成年人走进博物馆，占观众总数 20% 以上，203 家博物馆纳入教育部全国中小学生研学实践教育基地，中小学生利用博物馆研学的长效机制逐步建立，博物馆的社会教育功能日益彰显。近年来在数字技术推动下兴起的线上展览，不仅让人们足不出户就能享受文化盛宴，而且更大程度实现公共文化服务均等化、普惠化、便捷化。人民群众可以通过多种途径感悟传统文化的深刻内涵，领略中华文化的博大精深，精神文化生活得到极大丰富。

"十三五"时期，全国文物业基本陈列、临时展览、文物业参观人次、未成年人参观人次呈稳步增长态势，详情如图 3 所示；博物馆参观人次、参加活动人次、网站访问量也大幅增长，详情如图 4~6 所示，2020 年由于疫情原因出现波动。

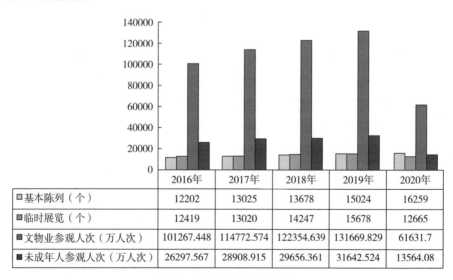

	2016年	2017年	2018年	2019年	2020年
基本陈列（个）	12202	13025	13678	15024	16259
临时展览（个）	12419	13020	14247	15678	12665
文物业参观人次（万人次）	101267.448	114772.574	122354.639	131669.829	61631.7
未成年人参观人次（万人次）	26297.567	28908.915	29656.361	31642.524	13564.08

图 3　文物业共享情况统计

（数据来源：全国文物业统计资料）

　　各地利用丰富的文物资源，积极发展文化旅游，不断创新博物馆展览展示和社会服务形式，在互联网技术的加持下，文物传播形式不断更新，受众面大幅拓展，文物越来越融入百姓生产生活、融入教育教学，共享形式不断丰富，共享效果不断提升。

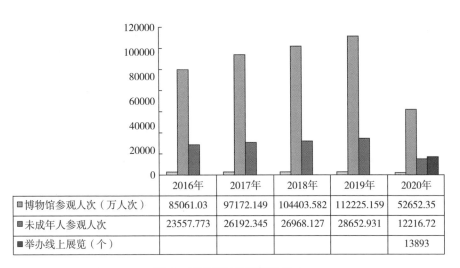

	2016年	2017年	2018年	2019年	2020年
▦ 博物馆参观人次（万人次）	85061.03	97172.149	104403.582	112225.159	52652.35
▪ 未成年人参观人次	23557.773	26192.345	26968.127	28652.931	12216.72
▪ 举办线上展览（个）					13893

图 4　博物馆共享情况统计 1

（数据来源：全国文物业统计资料）

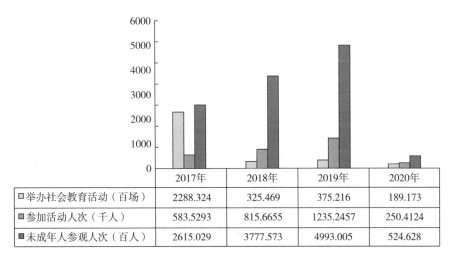

	2017年	2018年	2019年	2020年
▫ 举办社会教育活动（百场）	2288.324	325.469	375.216	189.173
▪ 参加活动人次（千人）	583.5293	815.6655	1235.2457	250.4124
▪ 未成年人参观人次（百人）	2615.029	3777.573	4993.005	524.628

图 5　博物馆共享情况统计 2

（数据来源：全国文物业统计资料）

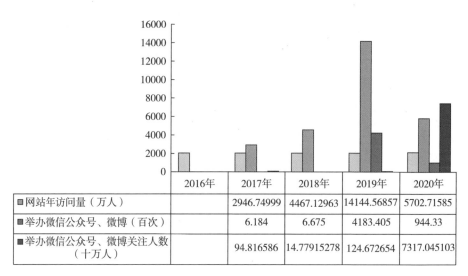

	2016年	2017年	2018年	2019年	2020年
▣ 网站年访问量（万人）		2946.74999	4467.12963	14144.56857	5702.71585
▪ 举办微信公众号、微博（百次）		6.184	6.675	4183.405	944.33
▪ 举办微信公众号、微博关注人数（十万人）		94.816586	14.77915278	124.672654	7317.045103

图 6　博物馆共享情况统计 3

（数据来源：全国文物业统计资料）

　　北京市以大运河全线通航为契机，围绕保护沿线文化遗产，打造运河特色小镇，打造大运河文化旅游精品，加强大运河沿线区域协同发展，拓展跨域合作机制。加强主题文化活动统筹策划，坚持"文物 +""互联网 +"的融合发展方向，成功举办"5·18"国际博物馆日、文化和自然遗产日、北京长城文化节、大运河文化节等重点文化活动，网络直播覆盖超 6 亿人次，不断提高人民幸福感、获得感。不断拓展公众参与文化遗产保护的渠道，凝聚文化遗产保护的社会共识。博物馆教育的馆校合作和互联网化成为趋势，网上展览和活动数量、质量、吸引力逐步加大，公众对博物馆的认同感关注度不断增强，出现了博物馆网红打卡地。

　　天津市将博物馆教育逐步纳入国民教育体系。积极落实教育部、国家文物局《关于利用博物馆资源开展中小学教育教学的意见》，通过签订馆校共建协议、举办馆校互动活动、建立第二课堂等方式，常态化组织学生到博物馆参观学习。积极推进博物馆公共服务平台建设，整合博物馆馆藏文物数字资源，突破博物馆的区域、馆际和行业限制，实现第一次全国可移动文物普查成果的转化，满足博物馆公众服务和数据共享需求，实现博物馆数字资源的互通有无。天津博物馆打造了"5G 智能互动体验展"，以天津博物馆 5G 网络全覆盖为支撑，由该馆馆藏文物、天津运河文化、天津老城厢三大板块构成。通过 5G+

混合现实（AR+VR）、CG等数字互动技术，让文物和历史生动"复活"。

内蒙古不断提升博物馆公共服务职能，协调全区各级文博单位共同参与，在网站、微信等新媒体增设一批博物馆现有的在线展览内容，包括"数字博物馆全景导览""线上精品文物展览""精品文物赏析""微课堂"等各具特色的网上宣传栏目。通过新媒体和虚拟现实表现手段，满足人民群众足不出户在线观展的需求，将博物馆公共文化服务触角延伸到千家万户。

江苏省加强沿江地区文物资源的合理利用，与现有旅游资源相结合，开发一批精品旅游线路，构建具有江苏地方特色的长江文化旅游线路品牌，促进沿江地区文物服务区域发展能力的整体提升，为长江岸线城市协同发展提供新的支撑。策划、推介一批主题突出、导向鲜明、内涵丰富的革命文物系列陈列展览精品。打造江苏红色旅游品牌，推出一批研学旅行和体验旅游精品线路。加大博物馆及馆藏文物数据采集，借助互联网等技术实现博物馆文物信息共享，加快推进智慧化博物馆建设，打破传统博物馆空间界限，实现线上线下相结合。鼓励博物馆间开展展览交流合作，开展"全省馆藏文物巡回展"，将博物馆教育活动、数字展示和文创产品开发等融入其中，加强省内外博物馆间的信息互通、资源整合和人才交流。

浙江省致力于探索保护成果为民共享之路，秉承"变孤立保护为整体保护，变静态保护为动态保护"的理念，力求文物保护与保护环境、改善民众生活、促进经济社会发展的统一，实现文化遗产资源社会效益与经济效益的有机统一。在杭州西湖文化景观申遗过程中和申遗成功后，始终坚持"以人为本，还湖于民"的理念，将西湖打造成为一个开放式的世界文化遗产地，为群众提供免费的休闲观光场所，为世界遗产的保护提供了样本。在大遗址保护方面，始终追求大遗址保护与利用共赢的局面，把实施保护工程与提高当地群众生活水平、美化当地群众生活空间和丰富广大群众精神生活结合起来。在古建筑和乡土建筑保护方面，力求在让古民居、宗祠等古建筑重现历史光华的同时，转身变为村文化活动室等文化设施，在新农村建设中由"包袱"变成一张不可或缺的文化名片。

山东省推动更多文物古迹、革命遗址、非物质文化遗产在依法保护的前提下纳入旅游线路，大力发展研学旅游、红色旅游、遗产旅游，重点打造山水圣人、仙境海岸、大运河（山东段）、齐长城、鲁南红色文化、黄河文化和绿色生态等文化旅游带。将博物馆工作作为文化强省建设重要内容，着力构建完善齐鲁特色博物馆体系。数量上求"多"，质量上求"优"，门类上求

"全"，把观众体验贯穿到博物馆管理运营各方面，打造有温度有品位的文化客厅、教育实践的重要阵地。各级博物馆通过健全服务设施、完善服务规范，延伸服务功能，实现博物馆服务的优质化、便利化。率先建设"山东数字化博物馆"，搭建文博公共文化资源共享平台，推动文博公共文化服务向社区和农村延伸，力求实现考古文博成果全民共享。以青少年和党员干部为重点，用好馆藏资源，发挥阵地作用，打造"第二课堂"。实施"博物馆＋"工程，"博物馆＋教育""博物馆＋旅游""博物馆＋文创"持续发力，亮点频现，越来越多博物馆纳入旅游线路，成为网红打卡地。

海南省鼓励通过对口帮扶、资源共享、专题联盟、购买服务、代管托管等多种形式，提升市县级博物馆公共文化服务水平；鼓励未设立馆舍的市县依托文物建筑、革命旧址、工业遗产、农业遗产等建设特色博物馆。推动设立一批微型专题博物馆。建立全省博物馆馆藏资源统筹共享机制，支持策划具有地方特色、鲜明教育作用、具有感染力和传播力的原创展览。加强省内博物馆之间展览交流合作，举办联展、巡展。

陕西省成立全国首家"博物馆教育联盟"及"陕西高校革命文化传承联盟"，扎实开展中华优秀文化"六进入"活动，全省文博单位开展各类线上线下教育活动超 1 万场次。联合教育部门在全国率先将博物馆教育纳入国民教育体系，开发了"陕西省博物馆教育活动项目库"。创新性开展"陕西历史文化使者"活动和优秀传统文化传承基地建设、省级文化遗址公园建设、社区博物馆建设的"一个引领·三个平台"工程，着力解决文化发展不充分不平衡问题。各博物馆在"互联网＋中华文明"行动计划、数字博物馆建设、文物数字化保护利用等方面积极探索，不断推进博物馆网络化、数字化、智能化，"互联网＋智慧服务""互联网＋文物教育"平台上线后广受欢迎。推动文化创意产业发展，成立了"互联网＋中华文明"文博创意产业联盟，通过举办"陕西文物创意焕彩季"等活动，积极拓展文物合理利用路径，让文物"活起来"，让文物保护利用成果更好惠及人民。

甘肃省博物馆、纪念馆"十三五"时期全部免费开放，全省各级各类博物馆年均推出新展览百余个、开展"四进"、研学等社教活动千余场次、接待观众量超 3000 万人次。甘肃省文物局与教育厅联合印发《关于利用博物馆资源开展中小学教育教学的实施意见》，明确开展博物馆教育教学活动的指标性要求。积极拓展云游博物馆、云直播、云讲解等文博服务新业态，推出线上展览百余个，年在线点击量 3000 多万人次，敦煌研究院融媒体平台年访问量达 2.35 亿人次。

　　宁夏积极推进各级各类博物馆和文物保护单位合理利用，积极融入长城、长征、黄河国家文化公园（宁夏段）建设保护，促进文物保护利用与扶贫开发、生态旅游、乡村振兴相结合，助力文化与旅游融合发展。结合庆祝中国共产党成立100周年，基于革命遗址遗迹、革命纪念馆、纪念园、博物馆，遴选推出22条红色旅游精品线路，把红色旅游与乡村旅游、休闲养生旅游、历史文化旅游融合起来，实现红色旅游带动周边乡村振兴。全区博物馆每年推出引进展览近百个，接待观众300万人次。建立了中小学生定期参观博物馆长效机制，开展"研学旅行""第二课堂""小小讲解员"等活动。

　　新疆充分发挥博物馆公共文化阵地作用，各级博物馆、纪念馆年均举办陈列展览200余个，接待观众500余万人次。积极发挥"流动博物馆"的补充作用，用车载形式把展览送到边远山区、戈壁沙漠，为基层群众提供文化服务，深受群众喜爱，真正让各族群众在家门口就能了解新疆历史，领略灿烂的中华文化。利用考古工地举办"公众开放日"活动，邀请当地群众参观考古发掘现场和考古工作站，讲解考古发掘重要收获及其价值意义，使群众了解考古知识，扩大文化遗产影响力。推出"考古新疆""探秘新疆"系列线上文物讲座，拓宽了文物资源共享途径，推动考古成果惠及于民，成为提升文物工作传播力、影响力的有效抓手。

　　南京市文物保护志愿者应邀走进南京新闻综合广播"对话"直播节目、南京新闻综合频道"民声"访谈节目，分享文物保护志愿服务成果，讲述文物背后的故事，并与听众连线互动，获得积极的社会反响。走进南京博物院等文博场馆，发挥自身专业优势，提供讲解导览、展陈设计、文创开发、业务研究等专业服务，受到馆方和游客欢迎，还频频亮相中国"文博会"扬州分会场等交流活动，分享成果、展现风采。

　　广州市组建文物保护监督员、名城志愿者、社区规划师、乡村规划师等队伍，引入社会力量，协同开展田野考古、文物安全巡查、修缮咨询、技术评估、中期检查、结项验收等工作。创新活化方式，依托重要革命文物打造"新时代文明实践站·红色文化讲堂"。携手广东广播电视台等推出"百年红讲台传颂南粤红"项目。利用考古发掘现场组织开展参观体验、研学、写生等活动，广泛宣传考古知识，以及广州考古和历史文化保护重要成果。

　　延安市充分借助新媒体平台加大宣传力度，提升革命纪念地影响力。组建延安精神宣讲团，通过演讲、朗诵、表演相结合的方式讲述延安故事。推进革命传统教育进校园进课堂活动，强化青少年红色教育。将西北局等旧址 600 余孔窑洞活化利用，努力建成全国规模最大、最具特色的体验式教学基地。建立"政府 + 院校 + 基地"培训机制，打造全国红色教育首选高地，2021 年累计接待党史学习教育团体 8600 余批，现场教学 6900 余场次。

六、国际经验与启示

新发展理念是系统性理念，坚持创新发展、协调发展、绿色发展、开放发展、共享发展既是关乎我国文物事业发展全局的一场深刻变革，也是符合国际文化遗产保护工作发展趋势的一次有益探索。从全球范围来看，近年来国际组织和各国政府相继通过改革制度、创新理念、出台政策、修订法律等方式，完善了基于国际社会和本国国情的文化遗产保护工作的顶层设计，在践行创新、协调、绿色、开放、共享五个理念方面，与我国具有一些相似性，对我国文物领域贯彻落实新发展理念具有一定借鉴意义。

创新发展是当前国际文化遗产领域的前沿趋势之一。国际组织和各国政府在理念、制度、模式、技术等文化遗产工作创新方面均进行了一些积极探索。如 2017 年，国际图书馆协会联合会通过了《保护文化遗产国际图书馆协会联合会指南》，将"数字统一"这一新术语和新理念引入文化遗产保护中，契合了不同文化遗产收藏机构的联合发展方向；2019 年，英国政府发布了最新版《政府财务报告手册》，将政府所拥有的文化遗产纳入整个政府财务报告体系之中，把文化遗产分为经营性文化遗产和非经营性文化遗产，规定不同属性的资产使用不同的会计计量方法；法国近年来通过成立"保护区全国委员会"，保证了保护区保护政策的制订、修改和审核，并规定地方所有的工程项目必须经过法国国家建筑师的同意，从而保证了保护的原则不受地方利益的左右。

协调发展也是当前国际文化遗产工作的重点领域之一。尤其是随着全球范围内对文化遗产领域可持续发展的探索不断深化，国际社会对文化遗产工作与自然环境、经济发展、社区教育相互协调以及长期与短期发展相平衡等方面的研究也在不断加深。如 2011 年，国际古迹遗址理事会通过了《关于历史城镇和城区维护与管理的瓦莱塔原则》，明确在保护历史城镇时应重点关注历史城镇与当今的文化、社会行为和经济发展相关联的变化和沿革；同年，联合国教科文组织通过了《关于城市历史景观的建议书》，认为保护政策设计应该能够提供长期保护与短期协调管理的平衡机制；2019 年，国际博协通过了《博物馆、社区、可持续发展》决议，强调为子孙后代保护遗产的责任，也明确将可持续发展作为国际博物馆协会的首要任务，加快世界遗产从单纯的遗产事务扩展为全面造福于社会和民众的项目；2018 年，日本再次修订了《文化财保护法》，将文化遗产保护利用制度的重心下移至地域性文化遗产的整体性保护利用以及社区参与上，强化了文化遗产的区域综合性保护。

绿色发展一直是国际社会重点关注的问题之一。早在 2011 年，联合国教科文组织就通过了《关于历史城市景观的建议书》，旨在保持人类环境的质量，使包含在自然环境里的历史城镇景观与自然构成完整性和关联性状态。而后，随着各国对文化遗产领域节能减排等生态环境保护工作认识的不断加深，以意大利、法国等为代表的遗产大国也相继开始了对本国遗产保护工作绿色发展的政策探索。如 2013 年，意大利政府出台了意大利第一部关于建筑遗产节能的法令《第 63/13 号法令》，强调了《建筑节能证书》中的关于历史建筑节能技术设施的运行、维护、检查等规定；2017 年，欧盟理事会又制定了《文化遗产保护——改善历史建筑能效的指南》，首次对历史建筑提出明确的节能要求。旨在通过将改善能效和减少温室气体排放的措施与充分保护建筑物结合起来，促进这些建筑物的可持续管理。

文化遗产领域的开放发展受到国际社会普遍重视，尤其是在立法国际化方面取得一定成就。德、法等国在健全和完善规范保护体系方面开始注意吸收、借鉴和转化国际条约的相关规范，并且在制度内容上产生了某种一致性和趋同性。如 2015 年，德国政府颁布了《文化遗产保护法》，引入了"保护区"这一概念，使本国世界文化遗产的保护不再仅仅停留于国际条约层面，而是进一步被"嫁接"到国内法之中，实现了在法律层面履行国际条约所确立的保护义务；2016 年，法国政府出台了《创造自由、建筑或遗产法》，修订了文化遗产保护的基本原则，使原《遗产法典》中的许多规定被修改甚至废除，使法国考古法规与世界接轨。

共享发展是目前国际文化遗产工作领域的新兴热点之一。近十年来，国际社会越来越注重以人类价值来考量文化遗产，尤其是突显了"社区参与"的重要性。如 2015 年，英国在约克老城洪水后开始探讨洪水灾害预防问题，提出"社区参与和对灾害风险文化的理解是促进灾害预防措施和减少建筑遗产脆弱性的关键所在"的理念，强调通过数字技术和参与式规划提高社区的灾害防范能力；2017 年，国际古迹遗址理事会通过了《关于遗产与民主的德里宣言》，放大了民主在遗产中的价值，强调以人为本的可持续发展模式，并通过基于社区合作的知识与技能的代际传承来实现这种延续性；2019 年，联合国教科文组织再次修订了《实施保护世界文化与自然遗产公约的操作指南》，强调在制订规划以及和利益相关者协商进程时使用包容性和参与性原则，其核心是强调所有利益相关者对各类遗产的价值认定和共同理解。

七、总结与建议

步入新时代新征程，文物工作与经济社会发展大局越来越高度融合。中央一号文件中多次提到传统村落、文化遗产保护利用等相关内容，中共中央、国务院《关于实施乡村振兴战略的意见》强调要保护好文物古迹、传统村落、民族村寨、传统建筑、农业遗迹、灌溉工程遗产。2021 年中央经济工作会议强调，领导干部要坚持正确政绩观，敬畏历史、敬畏文化、敬畏生态、慎重决策、慎重用权。中共中央、国务院关于新时代公民道德建设、新时代爱国主义教育等政策文件也强调要保护好文物和文化遗产，充分发掘文化经典、历史遗存、文物古迹承载的丰厚道德资源，让中华文化基因更好植根于人们的思想意识和道德观念。新时代的文物工作迎来前所未有的发展机遇，同时也肩负着更多时代使命和职责。为推动文物事业高质量发展，全国文物系统积极贯彻新发展理念，深入学习贯彻习近平文化思想和习近平总书记关于文物工作的系列重要论述和指示批示精神，围绕党中央、国务院重大决策部署，推出系列政策举措，在创新、协调、绿色、开放、共享五个方面均有实质性进展。

文物安全工作被列入国安委重要工作内容，被列入全国文明城市测评指标体系、全国安全生产与消防工作考核指标体系，有力提升了文物部门的话语权，提升了各级党委、政府对文物工作的重视程度。中央宣传部与文化和旅游部、国家文物局多次联合印发通知，对学习贯彻习近平总书记重要讲话精神、全面加强历史文化遗产保护，贯彻落实全国文物工作会议精神等提出明确要求，显示了党中央对文物工作的高度重视。努力建设中国特色、中国风格、中国气派的考古学，是充分认识中华文明的历史贡献，保护好、传承好历史文化遗产，留住文化根脉的重要途径和方法，有利于不断坚定文化自信，增强历史自觉，为民族复兴凝聚精神力量。建设国家文化公园、国家文物保护利用示范区、国家考古遗址公园，推动革命文物片区保护利用，都是系统性保护的重要体现，是统筹保护和利用，坚持在保护中发展、在发展中保护的具体举措，是各地文物工作的重要抓手，有利于调动各方积极性，统筹协调部门间、区域间关系，体现了文物工作主动融入经济社会大局、积极担当作为的魄力和勇气。

为更好贯彻新发展理念，全国文物系统要进一步提高政治站位，深刻把握党的二十大报告对完整、准确、全面贯彻新发展理念的要求，不断深化对新发展理念丰富内涵的理解，立足新发展阶段、构建新发展格局；深刻把握党的二十大报告提出的"加大文物和文化遗产保护力度，加强城乡建设中历史文化保护传承，建好用好国家文化公园""坚守中华文化立场，提炼展示中华文明的精神标识和文化精髓，加快构建中国话语和中国叙事体系，讲好中国故事、传播好中国声音，展现可信、可爱、可敬的中国形象"的要求，科学分析、准确研判当前文物工作所面临的形势，主动融入和服务国家发展大局，紧密围绕文物保护利用改革创新的重点领域、重点任务，对标对表，充分借鉴国际社会先进理念和做法，不断激发新动能、创造新优势。

（一）崇尚创新，激发文物事业发展新动能

近年来，文物系统不断推出新理念、新制度、新模式、新科技，取得系列重要成就，推动文物事业向着更科学、更可持续的方向发展。但仍需看到，这些创新仍发生于局部业务领域和局部地区，全局性、根本性和法治化的创新格局尚未形成。文物事业不仅面临国家快速发展期和矛盾凸显期的重叠交替，同时面临文物事业作为传统文化保护传承行业如何融入当代社会的重大理论创新、制度创新的问题，面临现代科技创新与历史文化保护传承如何适度、有机融合问题。各地长期以来普遍反映的体制机制问题一直未得到根本解决，包括：文物保护与经济发展的平衡决策机制不畅，文物安全形势依然严峻；属地管理的事权划分不科学，低级别文物保护不力、低级别文物管理机构缺人缺经费，"小马拉大车"问题长期得不到有效解决；文物活化利用和社会力量参与缺少法律保障和激励机制，文物事业公共文化服务能力和活力不足；文物科技被技术驱动而不是需求驱动，科研成果转化度低、适用性不高等。

文物事业高质量发展的创新驱动尤为重要和迫切。文物事业的创新发展需要四轮驱动：理念创新、制度创新、科技创新和模式创新。理念创新是先导。在新时代，需对文物保护与社会发展、文物与人等重大关系进行再认识，深刻把握新时代文物工作要求的丰富思想内涵，深入挖掘文物蕴含的多重价值，使之在引领风尚、教育人民、服务社会、推动发展、培育社会主义核心价值观等方面发挥积极作用，在新时代绽放出新的光彩。制度创新是保障。各地普遍反映的法律、经费、人员等制度和政策问题，已经不能适应工作的变化和理念的进步，甚至成为新发展理念贯彻落实的羁绊，需要不断改革创新，推动文物治理体系和治理能力现代化，激发文物事业发展的强劲动力。科技创新是引领。文物科技创新应从研发环节为主向文物保护工作全过程延伸，从技术驱动向需求驱动转变，创新主体应从以科技人员为主向文物保护管理人员为主转变。模式创新是载体。理念创新、制度创新和科技创新，最终都要落实到文物工作之中。文物工作以学科专业划分的传统模式需要有所突破、融合、创新，才能将理念创新、制度创新和科技创新成果加以转化和应用，形成文物事业高质量发展的全新生态、文态、业态和形态。

（二）注重协调，增强文物事业发展整体性

我们应该清醒地意识到，从整体上，长期以来我国"文化发展滞后于经济发展、国家软实力与硬实力不相适应"[①]，文物部门处于弱势地位，在宏观决策上往往被动让位于经济建设、民生改善等重点工作，因而在文物事业的顶层设计和体制机制构建方面受到根本性制约，超出文物行业自身解决能力。文物事业在国家整体发展中的协调机能还比较弱。一是文物事业内外功不均衡，向外与区域产业链、创新链、资金链融合协调不足，文物资源禀赋在区域发展、乡村振兴、产业融合等战略中的作用还没有得到充分发挥，协作的主导性和主动性还比较欠缺。二是文物工作重心高低不均衡。占比较少的全国重点文物保护单位和省级文物保护单位得到国家政策和投入的集中保护，大量市（县）级文物保护单位和尚未核定公布为文物保护单位的不可移动文物还没有得到妥善保护。科研和专业机构主要集中在中央和省级，而承担主要文物日常保护管理的基层机构积贫积弱。三是文物保护利用不均衡。文物合理利用缺乏尺度标准，文物活化利用形式有待进一步拓展，尚需进一步探索可推广、可持续的文旅融合模式和机制。四是文物保护成果共享城乡不均衡。例如，80%以上的博物馆都分布在县级以上城市，农民不能很好享受博物馆文化服务。

协调发展是文物事业高质量发展的重大机遇，是新阶段文物事业全面贯彻新发展理念应当重新认识的全新发展环境。文物事业应当乘国家"五位一体"总体布局之势，积极主动析短板、亮短板、补短板，积极争取国家宏观政策倾斜，特别要为低级别文物资源发声，为基层文物工作者发声，为日常文物保护管理工作发声，为公共文化服务延伸不到的弱势群体发声。文物事业的协调发展应放在国家发展一盘棋上，以国家对文物事业的倾斜式反哺为基础、为条件。从经济发展红利中反哺文物保护，将文物保护纳入经济高质量发展决策要素中。从中央财力中反哺地方投入，改革中央和地方文物保护事权和财政责任，改革属地管理的文物保护体制，让国家成为文物保护均等

---

① 《新发展理念引领新常态——协调发展》，强国号 2021 年 9 月 5 日，摘自蔡昉、张晓晶著：《构建新时代中国特色社会主义政治经济学》，中国社会科学出版社，2019 年。

化的坚强后盾。通过部门协调、区域协调增强文物事业发展的整体性，在协调发展中拓展发展空间，增强发展后劲。

（三）倡导绿色，大力推进美丽中国建设

文物事业面临保护与发展的关系问题，同样面临文物与环境和谐共生问题。但是文物工作与生态文明建设尚未形成全面、紧密的同盟军关系。历史文化保护需求在城乡环境治理中体现得不够充分，很多地方整治后山青水绿环境漂亮了，但地方深厚的历史文化内涵却没有保留下来、展现出来。有时文物的"两线"与周边的生态保护红线范围会有交叉重叠关系，这就面临着文物保护与生态保护两者谁优先的问题。为了延续文物的价值而实施的保护修缮、展示利用工程可能会对周边的生态环境造成一定的破坏。而文物工作也没有充分重视历史建筑、博物馆建设和文物保护工程的资源节约和低碳减排要求，主动为实现"双碳"目标做贡献。

绿色发展是文物事业高质量发展的保障，也是对生态文明建设的重要贡献力量。历史环境记录人类生存发展进程中与自然环境的相互影响，是生态文明的珍贵历史记忆。在生态文明建设中对国土空间开发格局的优化，不能舍弃对文物资源的保护，而应当视文物为生态文明建设的有机组成部分，为子孙后代留下美丽的精神家园。在保护和保存文物资源的同时，还不应忽视文物资源再利用对"绿色发展"循环经济、资源节约的贡献。国际上已有若干国家制定税收等优惠政策鼓励严格标准下的历史建筑再利用，减少建材需求对矿物资源的掠夺和建筑垃圾的产生。同样，历史环境的修复将贡献于"重要生态系统保护和修复重大工程"的实施，中华民族拥有天人合一的传统自然观，选择典型地区进行区域性历史环境修复，不仅可以借鉴古人智慧，开展荒漠化、石漠化、水土流失综合治理，而且可以提高自然生态系统和环境保护的综合效果。要将绿色发展理念深度融入历史文化名城名镇、传统村落保护，博物馆建设，大遗址保护利用，国家文化公园建设的规划和实施过程中，在选址、设计、施工、材料和工艺选用等方面全过程贯彻绿色发展理念，推动历史建筑绿色化更新改造、合理利用，保护和培养传统工匠队伍，传承传统建筑绿色营造方式，强化绿色建筑技术创新和科学管理，构建文物保护利用绿色发展新模式。鉴于目前各地对绿色发展理念认知不够充分，没有在思想上足够重视，很难总结出经验做法的现状，一方面需要切实加大在文物领域贯彻绿色发展理念的宣传推广，倡导在保护利用的各个环节中贯彻绿色发展理念，另一方面也需要加强这方面的数据积累和经验总结，以便及时总结推广。可适时对国家文物局《关于文物领域贯彻新发展理念落实绿色低碳发展举措的通知》的实施情况进行评估，以此引起各地对文物领域贯彻绿色发展理念的重视和支持，逐步形成一套系统做法，将绿色发展理念贯穿到文物工作的全过程全领域，为实现"双碳"目标、助推美丽中国建设、促进人与自然和谐共生作出应有贡献。

（四）厚植开放，推动人类文明交流互鉴

尽管我国在文化遗产国际合作领域取得了一定成果，积累了较为丰富的经验，但统筹规划和可持续性仍有待加强，对外深层次的文物交流合作品牌开发不够，交流的形式单一，对地域传统文化文物交流传播的形式研究不深不透，缺少有国际影响力的文物交流品牌。目前大多数合作项目间尚未形成体系与关联，各省份、各机构间尚未形成畅通的交流渠道，导致协调配合、信息交流和成果共享意识不足。各地还普遍存在资金短缺问题，难以支持国际交流合作项目持续开展，一定程度上导致我方主动权和话语权不足。而且，各机构中懂外语、精专业、具有国际视野的高素质复合型人才偏少，这在一定程度上影响了国际合作的深度与广度。

推动新时代文物事业高质量发展，必须进一步深化改革开放，拓展国际交流合作的广度和深度，发挥文物在文明交流互鉴中的桥梁作用。积极配合国家外交大局，扩大政府间交流与合作，推动与更多国家签署文化遗产保护双边协定，开展更有深度和实质性内容的合作，不断增进相互了解和政治互信。我国是文明古国，也是世界上文物流失最严重的国家之一，应更积极发挥负责任大国作用，参与文物追索返还领域国际法规则的修改和完善，支持联合国教科文组织发挥更大协调作用，促进本领域国际法秩序向着更有利于文物返还的方向发展。继续深入开展援外文物保护修复工程、联合考古、联合申遗、人才培养等项目，与更多"一带一路"沿线国家和地区开展深度交流合作，促进各国文物保护理念的交流融合。进一步深化文博机构间的交流合作，搭建更多平台，开辟更多渠道，依托丰富的文物资源，推出系列中国内涵、国际表达的对外文物展览和影视作品，深入挖掘文物背后的思想内涵和历史人文价值，讲好中国故事，阐释中国智慧，弘扬中国精神；依托数十年的文物保护成功经验，形成系列国际化表达的中国文物保护实践和理论研究成果，通过学术论坛、文化博览会和项目合作等多种形式，使中国特色文物保护理念、制度和技术得到更多认同；更加积极主动地学习借鉴世界一切优秀文明成果，使开放包容、多元一体的中华文化体系在新时代得到创新和发展，不断增强中华文化的生命力、创造力和影响力。国之交在于民相亲，民相亲在于心相通。要鼓励多层次多形式的民间交流合作，不断构筑广泛而深厚的人文基础。通过开展学术交流、打造文化旅游线路、开发文化创意产品、制作纪录片或影视片等形式广泛传播本国文化遗产及其价值内涵，从而唤起"一带一路"沿线国家和地区的历史记忆，让丝路精神在新时代焕发出勃勃生机，彰显出新的魅力。在后疫情时代，要充分发挥互联网平台优势，利用微博、微信等自媒体平台，推出丰富多彩的高质量文化产品，让各国人民深入了解中华优秀文化，让中国人民更多了解他国优秀文化，在相互了解的基础上互学互鉴、兼收并蓄，推动人类文明实现创造性发展，共同为构建人类命运共同体铺就阳光大道。

（五）推进共享，提升公共文化服务水平

在贯彻共享发展理念过程中，各地还普遍存在着政策、资金、技术、人才等方面的问题。由于配套政策不完善、鼓励引导和专业指导不足等原因，社会力量参与文物保护利用的积极性没有得到充分调动和释放，还存在程序繁杂、保护利用方式不够科学规范等问题，需要进一步加强顶层设计和支持指导。由于资金、人才缺乏等原因，许多博物馆基本陈列更新不及时，展示手段单一，临时展览数量不多、质量不高，主题挖掘不深，教育活动同质化现象严重、社会公共服务水平有待进一步提升。云计算、物联网、区块链等新技术在文博领域的融合应用尚未全面铺开，智慧文博场馆建设成效不够显著，难以提升观众的科技体验。大多数博物馆是全额拨款的公益一类博物馆，由于缺乏政策支持，受限较多，导致经营主体缺乏积极性，文博单位文化创意产品开发工作发展缓慢，无法满足公众对文创产品的需求。

推动文物事业高质量发展，必须把共享理念贯穿到文物保护利用的各个领域、各个环节。要进一步完善博物馆免费开放政策，让人民群众共享博物馆事业改革发展成果。丰富博物馆教育课程体系，为大中小学生利用博物馆学习提供有力支撑；推动博物馆文化扶贫，增加展览、教育活动进乡村频次；深化博物馆与社区合作，推动博物馆虚拟展览进入城市公共空间，鼓励有条件的博物馆错峰延时开放，服务十五分钟城市生活圈；大力发展博物馆云展览、云教育，构建线上线下相融合的博物馆传播体系。文物建筑、考古遗址公园等文物景点，要通过降低票价、在特定节假日免费开放、向特定群体免费开放等措施，降低人民群众获得文物资源的成本，让更多人有机会参观游览，从而更好地发挥其历史文化价值，彰显其公益性与社会性。在文物资源得到保护的前提下，借助互联网、3D技术、新兴数字终端等技术让藏在"深闺"的文物古迹进入公众视野，走进公众生活，增强人民群众的获得感、满足感。要进一步加大历史文化名城和传统村落保护力度，持续改善老百姓居住生活条件，提高收入水平，不断增强其获得感、幸福感。要进一步拓宽社会力量参与文物保护利用的深度和广度，积极鼓励和引导企业、社会组织、个人通过认领认养等方式，参与文物本体修缮、日常养护、安全防护、环境整治等，同时获得一定期限的使用权、经营权，在确保文物安全的前提下合理利用，从而获得一定收益，在共建的过程中实现共享。要大力培育以文物保护为宗旨的社会组织，为文物保护志愿服务搭建管理平台，提供技术指导，加大政策激励和宣传引导，在全社会弘扬志愿服务精神，使文物保护志愿服务成为时代的责任担当，让文物保护成为人们的生活方式和行动自觉，形成人人参与、人人尽力、人人共享的生动局面。在推动文物保护成果国内共享的基础上，也要放眼世界，以构建人类命运共同体的战略眼界和宽广胸怀，推动国际社会共享中国文物保护的理念、制度和成果，共享"道法自然""天人合一""天下为公""天下大同"等人类应该共同遵循的普遍智慧，通过文明交流互鉴增进相互理解、相互尊重、相互支持，共同思考和解决人类生存与发展的根本问题，共同为人类和平进步做出贡献。

总体而言，当前在贯彻新发展理念的过程中还存在不平衡的问题：一是不同理念之间不平衡，创新发展的政策举措较为丰富，但近年来受疫情影响，开放发展的政策举措相对较少；二是不同地域之间不平衡，这与各地对新发展理念的认知、对文物工作的重视程度、工作基础、经济发展状况等有密切关系。完整、准确、全面贯彻新发展理念，是"十四五"时期文物工作需要遵循的基本原则。新发展理念是一个具有内在联系的整体，要齐头并进、不可偏废，哪一个发展理念贯彻不到位，发展进程都会受到影响，都会影响其他理念的贯彻。因此，各地应加强顶层设计，优化整体布局，强化示范带动作用，根据本地区文物资源禀赋、事业发展整体水平，以及当前文物工作的短板和薄弱环节，探索适合当地贯彻新发展理念的方式。五个发展理念要统一规划、全面布局、整体推进，同时要加强对落实情况的监督检查和评估，及时解决贯彻过程中遇到的困难和问题，不断提高统筹贯彻新发展理念的能力和水平。只有真正将新发展理念贯穿文物工作的全过程和全领域，抓好关键环节，才能推动文物事业实现更高质量、更有效率、更加公平、更可持续的发展，为文化强国建设贡献更多智慧和力量。

（本部分执笔人：刘爱河、聂晶晶、于冰）

▲利用虚拟现实技术复原的老北京四合院

▲利用 720 全景技术在线展示西四地区胡同四合院

▲上海文物进出境情况

▲ "进博会"文物艺术品展区现场

▲温州市永嘉县岩头镇丽水街

▲温州市永嘉县岩头镇芙蓉村

▲丽水市缙云县新建镇河阳村

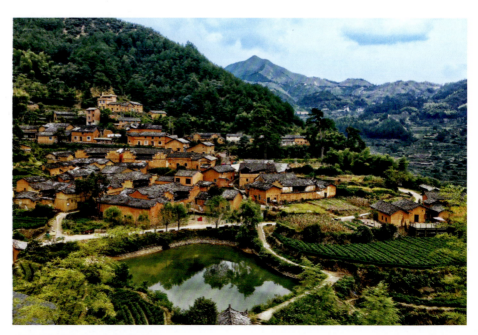

▲丽水市松阳县三都乡酉田村

▲丽水市松阳县三都乡毛源村 11 号民宿

▲金华市兰溪市诸葛村

▲重庆市文物考古研究院文物保护实验楼

▲重庆市江津区石佛寺南宋时期建筑复原示意图

▲三峡文物科技保护基地

▲观众通过橱窗观看文物修复

▲重庆市大足区宝顶山大佛湾水害治理工程前后对比照

▲四川省安岳县圆觉洞东壁三维扫描正射影像图

▲三星堆遗址俯瞰图 1

▲三星堆遗址俯瞰图 2

▲秦始皇兵马俑博物馆一号坑遗址

▲汉阳陵国家考古遗址公园

▲乾陵国家考古遗址公园

▲统万城国家考古遗址公园

▲改扩建后的中共三大会址纪念馆

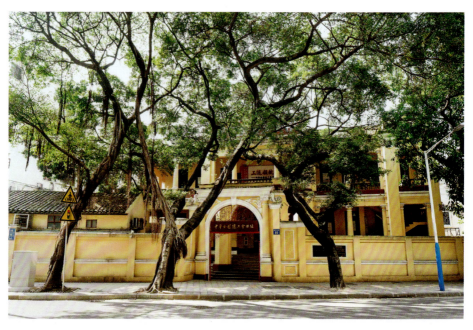

▲修缮和新布展后的中华全国总工会旧址

▲广州市增城区邓村石屋夜景

▲广州市增城区莲花书院遗址考古发掘后原址保护展示

▲杨家岭革命旧址中央大礼堂

▲宝塔山周边环境改造后现状

▲延安鲁艺文化园区东山旧址维修后现状

▲清凉山革命旧址窑洞活化利用

▲南京市文物保护志愿者走在文保路上

▲南京市文物保护志愿者"梅花节"期间开展"文明赏梅"志愿服务，引导游客不攀爬
文物、不折损花枝、不乱丢垃圾，同时展示传统礼仪文化

下　篇
各地贯彻新发展理念创新实践

深入学习贯彻新时代文物工作方针 推动文化遗产保护事业发展[*]

中国文化遗产研究院　李六三

摘　要：党的十八大以来，以习近平同志为核心的党中央高度重视文物工作。2022 年召开的全国文物工作会议深入贯彻落实习近平总书记关于文物工作的系列重要论述，提出要全面加强党对新时代文物工作的领导，坚持"保护第一、加强管理、挖掘价值、有效利用、让文物活起来"的新时代文物工作方针，五个方面相互联系，形成完整的逻辑链条，为做好新时代文物工作指明了方向。中国文化遗产研究院将以新时代文物工作方针为遵循，聚焦主责主业，为新时代文物工作贡献积极力量。

关键词：新时代文物工作方针　保护传承　改革创新

党的十八大以来，以习近平同志为核心的党中央高度重视文物工作，习近平总书记关于文物工作的系列重要论述立意高远、内涵丰富，深刻回答了文化遗产保护传承利用的一系列重大问题，阐明了新时代文物工作的发展方向、主要任务，指明了文物事业改革发展的重点领域、关键环节，深化了我们党对新时代文物工作的规律性认识。全国文物工作会议深入贯彻落实习近平总书记关于文物工作的系列重要论述，提出要全面加强党对新时代文物工作的领导，坚持"保护第一、加强管理、挖掘价值、有效利用、让文物活起来"的新时代文物工作方针，充分体现了党中央对守护文化遗产、坚定文化自信、建设社会主义文化强国的深邃思考和战略擘画，为做好新时代文物工作指明了方向，提供了根本遵循。

　＊　本文原刊于《中国文物报》2022 年 9 月 2 日，此次转载对于当时"新时代文物工作方针"的表述予以保留。

一、坚持保护第一，始终把维护文化遗产的历史真实性、风貌完整性、文化延续性作为文物工作的根本

文化遗产承载着中华民族的基因和血脉，是不可再生、不可替代的中华优秀文明资源。而革命文物则承载着党和人民英勇奋斗的光荣历史，记载了中国革命的伟大历程和感人事迹，是党和国家的宝贵财富。切实把老祖宗留下的文化遗产精心保护好，既是文物工作的根本要求，也是保护国家民族和历史、传承红色基因的内在要求。我们要本着对历史负责、对人民负责的态度，像爱惜自己的眼睛一样保护好历史文化遗产，保护好中华民族精神生生不息的根脉。

坚持保护第一，就必须牢固树立保护文化遗产也是政绩的为政理念，敬畏历史、敬畏文化、敬畏生态，对历史文化遗产及其整体环境实施严格保护和管控，统筹好文化遗产保护与经济社会发展，使历史和当代相得益彰。坚持保护第一，就是要按照真实性、完整性的要求，全面保护好古代与近现代、城市与乡村的历史文化遗产，在城乡建设中树立和突出中华文化符号和中华民族特征；秉持系统性、整体性保护理念，统筹好抢救性保护和预防性保护、本体保护和周边保护、单点保护和集群保护；坚持价值优先、质量第一，不搞过度修缮、过度开发，更多采用"微改造"的"绣花"功夫，对历史文化街区、传统村落进行修整，维护文化遗产的历史真实性、风貌完整性、文化的延续性。

坚持保护第一是中国文化遗产研究院始终不渝的追求，是挖掘价值、有效利用的前提和基础。只有把保护放在第一位，才能让城市留下记忆，让人们记住乡愁，才能更好展示中华民族伟大历史、中国共产党辉煌历史，为社会主义文化强国建设留下更加丰厚的文化资源和精神财富。

二、加强管理，始终把深化改革创新、建立健全法律制度体系，确保文物资源安全和国家文化安全作为文化遗产保护工作的前提

我国历史悠久，文物资源数量众多、分布广泛，保护管理任务异常艰巨。切实加强管理，确保文物资源安全和国家文化安全，既是历史赋予的使命和职责，也是建设社会主义文化强国的本质要求。我们要切实加大文物保护力度，运用先进技术加强文物保护和研究，把凝结着中华民族传统文化的文物保护好、管理好。

全面加强管理，就是要不断健全法律制度体系，加快推进《中华人民共和国文物保护法》修订，促进健全文物资源资产管理制度，建设国家文物资源大数据库，统筹开展各类文物资源普查和名录编制；建立文物安全长效机制，健全文物防灾减灾体系，提升中国世界文化遗产监测预警水平，强化文物执法督察，坚决守住文物安全底线。全面加强管理，就是要强化科技支撑，中国文化遗产研究院将加快推进国家文化遗产科技创新中心建设，打造文化遗产保护利用科技创新的"旗舰"，构建产学研用深度融合的文化遗产保护利用科技创新体系；各地应切实加强文化遗产保护利用专业机构队伍建设，尤其要强化基层文物部门人才队伍建设，解决长期以来"小马拉大车"的问题；关心爱护文物科研人员，完善人才激励机制，激发人才队伍创新创造潜力和活力；大力鼓励和支持社会力量参与文化遗产保护利用，努力形成全社会齐抓共管的良好格局，让更多人成为中华文化的传承者、弘扬者、践行者。

"加强管理"与"保护第一"相辅相成，贯穿文物工作的全过程、全领域。只有全面加强管理，才能确保文物安全，确保"保护第一"的理念落到实处。只有建立健全法制体系，不断强化科技支撑、人才支撑，才能创新发展模式，激发发展活力，实现文物治理体系和治理能力现代化。

三、挖掘价值，始终把探索未知、揭示本源，研究和阐释文化遗产的多重价值作为文物工作的基础

我国有百万年的人类史、一万年的文化史、五千多年的文明史。悠久的历史创造了辉煌灿烂的文化，留下了丰厚的文化遗产。弥足珍贵的文化遗产不仅具有历史、艺术、科学价值，而且具有社会、文化、审美、时代等多重价值，承载着中华民族的基因和血脉，蕴含着丰富的价值理念、道德规范、治国智慧。深入挖掘、阐释文化遗产价值，不仅可以为治国理政提供有益启示，而且可以为道德建设提供有益启发。我们要做好考古成果的挖掘、整理、阐释工作，把我国文明起源和发展以及对人类的重大贡献更加清晰、更加全面地呈现出来。要加强对中华优秀传统文化的挖掘和阐发，努力实现创造性转化、创新性发展。

中国文化遗产研究院将继续深入挖掘文化遗产蕴含的多重价值，特别是要深入系统挖掘长城、长征、大运河、黄河、长江等线性遗产的重要价值，展现中华民族生生不息的根脉，讲好中国故事，延续历史文脉，坚定文化自信；深入挖掘石窟寺蕴含的各民族交往交流交融的历史内涵，展现中华文化的开放包容、兼收并蓄，不断增强中华民族共同体意识；深入挖掘世界遗产、大遗址、古建筑等的重要价值，展现地域特色、城市个性、建筑艺术、科学技术、文化内涵、智慧积淀，更好延续城市文脉，增强家国情怀；深入挖掘红色资源背后的思想内涵，讲好党的故事、革命的故事、英雄的故事，让广大干部群众从红色资源中感悟革命精神、汲取奋进力量。

中国文化遗产研究院有着丰富的历史文献资源，在做好数字化基础上，加快推出研究成果，让藏在古籍中的文字活起来就必须加强价值研究。挖掘价值是推动有效利用、让文物活起来的基础，也是新时代对文物工作的更高要求。只有深入挖掘文物蕴含的深刻内涵和背后故事，才能更好满足人民群众的精神文化生活需要、赋能经济社会发展、讲好中国故事。

四、有效利用，让文物活起来，为实现中华民族伟大复兴的中国梦凝聚智慧、贡献力量

中华优秀传统文化是先人留给我们的丰厚文化遗产，也是我国发展的巨大优势。如果没有中华五千年文明，哪里有什么中国特色？我们要系统梳理传统文化资源，让收藏在博物馆里的文物、陈列在广阔大地上的遗产、书写在古籍里的文字都活起来；要处理好继承和创造性发展的关系，重点做好创造性转化和创新性发展。

推动有效利用，让文物活起来，最根本的就是要以习近平新时代中国特色社会主义思想为指导，站在时代的高度，坚持把马克思主义同中华优秀传统文化相结合，让文物说话，让历史说话，不断激活其生命力，与当代社会相融相通，做到古为今用、以古鉴今，发挥好资政育人、推动发展的作用。推动有效利用，让文物活起来，就是要促进文旅融合，积极推动文物保护单位、世界遗产地、博物馆成为特色旅游目的地；加快博物馆改革发展，创新展览展示，推动文物数字资源接入国家教育资源公共服务体系，构建线上线下相融合的传播体系；打造具有影响力的文化创意品牌，培育新型文化业态，既有效满足人民群众的精神文化需要，又以文化人、以文育人、以文培元；推出更多红色主题旅游景区景点和精品线路，吸引更多游客参与红色旅游，接受党史学习教育、革命传统教育、爱国主义教育，传承红色基因、赓续红色血脉。推动有效利用，让文物活起来，就是要用好文物这一中华优秀传统文化的重要载体、中华文明走向世界的金色名片，深化与共建"一带一路"国家和地区在文物保护利用领域的交流合作，推进人类文明交流交融、互学互鉴，不断扩大中华文化国际影响力。

推动文物有效利用，充分发挥其引领风尚、教育人民、服务社会、推动发展、培育社会主义核心价值观的作用，既是文物工作的使命所系，也是文博人的责任担当。只有让文物融入城乡发展，融入百姓生产生活，保护成果更多惠及人民，才能让文物在新时代绽放出新的光彩，提升文物在国家治理体系和治理能力现代化中的价值引领作用，用文化的力量托起实现中华民族伟大复兴的中国梦。

五、结语

"保护第一、加强管理、挖掘价值、有效利用、让文物活起来"的新时代文物工作方针充分体现了党对文物工作科学把握、对新时代文物工作的统筹谋划，既有继承发展，又与时俱进，从实际出发，不仅具有鲜明的时代性、科学性，而且具有很强的指导性、实践性。文物工作方针高度凝练，具有丰富的思想内涵和严密的逻辑关系。"保护第一"是前提，"加强管理"是保障，"挖掘价值"是基础，"有效利用"是路径，"让文物活起来"是目标，五个方面相互联系，形成完整的逻辑链条。新时代文物工作方针必将为文物事业高质量发展提供更加坚强、有力的指导，引领文物事业迈向新的更高阶段。中国文化遗产研究院将在新时代文物工作方针的指引下，继续保持传统文化遗产保护优势，加强文化遗产多重价值研究，加强文化遗产活化利用探索，加快推进科创中心建设，推动科技赋能文化遗产保护传承，以实际行动践行党的二十大精神。

践行新发展理念，推进新时代北京博物馆事业高质量发展

北京市文物局

摘　要： 北京作为世界著名古都、历史文化名城，拥有众多的历史、文物、文化积淀。截至 2021 年底，备案博物馆已至 204 座，成为全国拥有博物馆数量最多的城市。2020 年 4 月北京市印发了《北京市推进全国文化中心建设中长期规划（2019—2035 年）》，提出"打造布局合理、展陈丰富、特色鲜明的博物馆之城"。2021 年，北京市文物局开始编制《北京博物馆之城建设发展规划》，并印发了《北京市鼓励社会力量兴办博物馆的若干意见》。北京博物馆事业进入新时代。

关键词： 博物馆　博物馆之城　文化中心　古都建设

一、北京市博物馆事业发展基本情况

北京历史悠久，文化灿烂，古今辉映，生机盎然。在漫长的历史演进中，北京城市文化积淀传承、吐故纳新，发展成为中华文化的集大成者。北京地区的第一座博物馆肇始自 1912 年 6 月，100 多年来北京地区博物馆走过的一条由不懈探索、曲折前行到快速发展，再到数量激增，逐步转入质量提升，并向国际博物馆标准靠拢的专业化、特色化、国际化之路，目前已经进入了历史上最好的发展阶段。据统计，截至 2021 年末，北京市共有 204 家各类博物馆，每年平均举办展览 600 多项，年均接待观众超过 5000 万人次。从管理属性来看，全市共有央属博物馆 65 家，市属 47 家，区属 47 家，非国有45 家；从质量等级来看，有一级博物馆 18 家，二级博物馆 10 家，三级博物馆 11 家，国家一级博物馆数量居于全国首位。从地域分布上看，全市 16 个区均有博物馆，朝阳区、东城区拥有博物馆数量最多，均在 35 家以上；东城

区每 10 万人平均拥有 4.4 家博物馆，人均拥有博物馆的数量居全市之首。

伴随着博物馆免费开放深入推进，公共服务效能显著提升，社会关注度不断提高，博物馆在经济社会发展中的作用持续显现，给人民群众带来的获得感、幸福感不断增强，已经成为北京市民美好生活的一部分。

（一）博物馆数量快速增长，功能质量逐步增强

社会各方面力量兴办博物馆的热情不断高涨，多种类型博物馆竞相辉映，一批新馆、大馆相继建成，多座国家级、市区级博物馆完成改扩建重新开放。截至 2021 年末，全市博物馆拥有建筑总面积达 248.69 万平方米，展厅总面积达 103.28 万平方米，博物馆硬件设施更加齐全，服务更加周到，馆舍面貌和精神气质焕然一新，文化辐射力进一步增强，正成为城市新的文化中心。

（二）博物馆收藏日益多元，文物保护利用能力不断提升

第一次全国可移动文物普查全面完成，北京市登录可移动文物数量和三级以上珍贵文物数量均居于全国首位。北京市博物馆大数据平台正式上线，博物馆文化资源大数据初步形成。全市博物馆藏品总数已达 1625.5 万件 / 套。全市范围内共有国家文物局重点科研基地 12 家，可移动文物修复资质单位 30 家，为博物馆的文物保护、学术研究等业务工作开展提供了有力支撑。

（三）博物馆公共服务水平持续提高，文化活动丰富多彩

为满足多样的文化需求，全市博物馆积极推陈出新，举办不同类型、不同题材的展览，营造了丰富多彩的博物馆文化。全市博物馆持续开放基本陈列 520 个，年均举办展览 600 余项、活动逾千次，服务观众超过 5000 万人次，全市博物馆平均观众满意率达 99.54%。北京市文物部门通过精心策划，对全市博物馆资源进行梳理整合，打造一系列博物馆宣传品牌，塑造了北京地区博物馆整体形象，形成了群体效益。

各区根据地域特点，也在积极推进本区博物馆建设，形成了区域聚集的鲜明特色。东、西城作为首都功能核心区，利用腾退后的文物建筑、名人故居、会馆，建设各具特色的小型博物馆；朝阳区利用工业园区腾退空间和集体产业空间，建设了一批特色鲜明的主题博物馆；海淀区的高校依托所在学校资源建设高校博物馆；经开区鼓励企业兴办科普场馆，打造"科技馆之城"。市区属国有企业举办的企业博物馆、遍布乡村的乡情村史馆成为不同行业和领域文化建设的重要基地，这些场馆成为所在区重要的特色文化名片。在全国文化中心建设的大背景下，北京地区博物馆事业正呈现出欣欣向荣的发展态势。

除备案博物馆外，北京市还存在大量具有或部分具有博物馆收藏、展示和教育功能的场馆。据统计，目前北京此类场馆561家，16区及经开区均有分布。561家场馆共有各类馆藏品42.64万件；近90%的场馆都能正常对社会开放，且多为免费开放。2021年，累计接待观众452.25万人次。这批场馆通过开展展览、社教、公益活动等，为弘扬中华优秀传统文化，丰富人民群众文化生活发挥了积极作用。

二、北京博物馆之城建设的成效

北京作为首善之区，加快推进博物馆之城建设，是建设具有强大凝聚力和引领力的社会主义意识形态任务的必然要求，是加快构建新发展格局、落实新发展理念的必然要求，是更好满足人民精神文化生活新期待的必然要求，是推动博物馆事业高质量发展的必然要求。

（一）崇尚创新，从顶层设计推进博物馆事业改革发展

按照市委、市政府统一部署，为形成全社会共建共享的博物馆事业发展总体格局，更好地服务党和国家工作大局，2021年，北京市文物局联合市委宣传部、市规划自然委等六部门联合印发《北京市鼓励社会力量兴办博物馆的若干意见》（图1）。文件从博物馆之城、全国文化中心、文化强国建设，

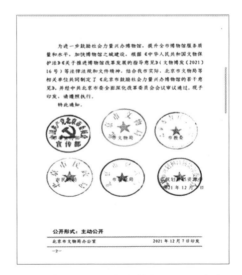

图1　市委宣传部、市文物局、市教委、市民政局、市财政局、市规划自然资源委共同印发
《北京市鼓励社会力量兴办博物馆的若干意见》

满足人民精神文化需要等角度，阐述了鼓励社会力量兴办博物馆的目的意义。文件除设立扶持资金外，还在法律地位、备案流程、馆舍对接、帮扶制度、宣传、教育、人才培养、创新机制、行业形象等方面提出了具体鼓励措施，将有力引导鼓励社会资源进入文物博物馆领域，推动博物馆事业发展，服务首都经济社会发展大局。

2022年1月，市文物局联合市人力社保局印发《北京市文博事业单位人事管理工作实施办法》。该办法是北京市文博事业单位人事管理的第一部综合指导文件，是分类推进事业单位人事制度改革的重要内容。拟通过加强文博事业单位人事管理，充分调动文博事业单位工作人员积极性和创造性，为建设高素质专业化文博事业单位人员队伍，为首都文物事业发展提供强有力的人事人才支撑保障。办法在完善文博事业单位用人机制、规范事业单位管理、加强人才队伍建设、加大人才培养力度均有明确要求，将有力促进首都文博事业高质量发展。

同时，为进一步推动博物馆科学、规范发展，按照国家文物局有关文件要求和市委、市政府统一部署，2021年北京市文物局还先后印发文件，对博物馆与教育融合、博物馆藏品征集规则、非国有博物馆管理和可移动文物修复资质单位监管提出具体要求。

（二）注重统筹，构建整体文物利用发展观

北京作为世界著名古都、历史文化名城，有着3000年建城史、800年建都史，拥有众多历史文化文物资源。近年来，北京作为全国文化中心和历史文化名城，精心做好首都文化这篇大文章，依托"一城三带"、北京中轴线申遗等重点工作，深度融合古都文化、红色文化、京味文化、创新文化，有力彰显古都风貌，展现大国风范。博物馆之城建设就是要立足文物保护利用整体发展观，系统推进文物保护、传承和利用。为推进博物馆之城建设，北京市在市推进全国文化中心建设领导小组下设立博物馆之城建设专项工作组，由市文物局牵头，市发改委、市教委、市科委、市民政局、市财政局、市人力社保局、市文旅局、市园林绿化局、各区政府、北京市部分博物馆、北京博物馆学会等近40个部门组成，共同建设北京博物馆之城。

（三）推进共享，提高博物馆为民服务质量

围绕重要时间节点开展主题活动。2021年，组织北京地区各博物馆筹划、推出多项庆祝建党百年专题展览。首都博物馆"伟大征程——庆祝中国共产党成立100周年特展"等13项展览进入国家文物局公布的2021年度全国 100 项主题展览；北京市文物局联合故宫博物院、新华网和北京博物馆学会制作献礼音频节目《藏品有话说》，讲述北京地区博物馆的百件爱党爱国藏品故事，于 2021 年 5 月 18 日在新华网客户端正式上线，12 月 1 日结束，共 100 期，累计播放量达 1.2 亿次（图 2）。2022 年，《藏品有话说》新书发布会在故宫博物院举行，将与音频节目一起，持续讲好革命文物故事，助力党史学习教育；定期推介北京地区博物馆精品展览，满足公众需求。从 2021 年 9 月开始，每月 1 日在"北京文博"公众号集中推介当月北京地区博物馆精品展览，方便广大市民和游客及时了解展览情况（图 3）。每月展讯作为我局服务公众的创新举措，深受广大观众欢迎。

图 2 联合故宫博物院、新华网和北京博物馆学会制作献礼音频节目《藏品有话说》

图 3 定期推介北京地区博物馆精品展览

　　加大文化服务供给。推进传统节日文化活动稳步恢复。市文物局组织北京地区博物馆围绕传统节日主题及中华优秀传统文化策划和举办展览及文化活动。据统计，全市博物馆 2021 年度共举办传统节日文化活动 507 项，其中，临时展览 336 项，文化活动 171 项；推进延时开放服务深入开展，2021 年提供延时服务达 250 余次；青少年教育工作持续发力。2021 年初联合团市委和少工委开展"党的故事我来讲——争做红领巾讲解员"实践体验活动，截至 2021 年底，北京地区少先队员已通过少工委平台上传 1090 件作品；局属博物馆社教品牌活动加速成长。首都博物馆"悦空间——首都博物馆青少年学习基地"、智化寺音乐节、白塔寺白塔夜话、北京石刻艺术博物馆端午嘉年华活动等品牌项目社会影响力不断提升。

（四）强化合作，借力推进北京博物馆事业发展

先后与国家文物局和北京广播电视台等部门建立博物馆之城建设战略合作关系。促成国家文物局与北京市人民政府在 2021 年 5·18 国际博物馆日中国主会场（首都博物馆）上签订共建北京博物馆之城战略合作协议，建立部市共建机制（图 4），国家文物局将在完善体系布局、加强政策探索、优化空间利用等九个方面与北京市深入合作，推动建立布局合理、结构优化、特色鲜明、活力充沛、功能完备的博物馆体系；北京市文物局与北京广播电视台在 2021 年 7 月签订战略合作协议，在创新传播方式、挖掘博物馆深厚文化内涵方面开展合作（图 5）。已经启动的"有声博物馆"项目，为北京博物馆免费配备导览系统，邀请市广播电视台金牌主持人录制语音讲解，截至目前已惠及我市 20 余家博物馆，深受观众欢迎。市文物局还与北京广播电视台合作

图 4　促成国家文物局与北京市人民政府在 2021 年 5·18 国际博物馆日中国主会场（首都博物馆）上签订共建北京博物馆之城战略合作协议，建立部市共建机制

图5　与北京广播电视台签订战略合作协议

推出了"博物馆之城"真人秀节目、"书画里的中国"等电视节目，深受广大观众欢迎，扩大了博物馆影响力。同时，中国移动北京分公司、中国联通北京分公司等大型国有企业也与北京市文物局签订了共建协议，支持并参与北京博物馆之城建设。此外，为加强对博物馆之城建设的智力支撑，北京市文物局先后与中国人民大学首都发展与战略研究院、北京师范大学文化创新与传播研究院、中国文物报社和北京工商大学等首都高端智库、科研机构和高校建立合作关系，充分运用他们的智慧和才能，为北京博物馆之城建设规划和发展提供和优化方案。

（五）搭建平台，积极开展博物馆文创开发工作

强化北京文博衍生品创新孵化中心平台的公共服务功能。截至2021年11月底，平台吸引170家文博单位、300余家文博文创企业及近600位专业设计师入驻；举办北京博物馆创意设计大赛，企业、机构及高校参与赛事活动的积极性不断提高。大赛已经成为博物馆文化创意产品开发的品牌活动和传播博物馆文化的重要渠道，激发了全社会对博物馆文化创意产品开发的热情；深入探索文创开发模式，一方面推动博物馆以版权授权为核心进行文创开发工作；另一方面以满足"把博物馆带回家"需求为出发点，推动试点单

位建设博物馆文创空间，取得了良好效果，深化了广大群众对博物馆文化的认识和理解、升华了观展体验、增强了博物馆的社会影响力。

三、北京博物馆之城发展规划及对策

下一步，北京市文物局将以落实北京市"十四五"规划和《国家文物局　北京市人民政府共建北京"博物馆之城"战略合作协议》为统领，重点抓好以下六个方面工作：

（一）推进博物馆之城建设发展规划等文件编制

依据中宣部、国家文物局等九部委《关于推进博物馆改革发展的指导意见》和北京市"十四五"规划，北京市文物局将加强对北京"博物馆之城"建设的发展定位、体系布局、功能发挥、体制机制等方面的顶层设计。用好北京市推进全国文化建设领导小组办公室下设的博物馆之城专项工作组工作规则和机制，2022年年内编制印发《北京博物馆之城建设发展规划》。同时，研究制定关于《北京市关于鼓励社会力量兴办博物馆的若干意见》配套文件和政策，制订北京市落实中宣部、国家文物局等九部委《关于推进博物馆改革发展的若干意见》的实施方案，制定"类博物馆"管理办法和配套文件、制定"博物馆之城"建设三年行动计划，为北京地区博物馆事业营造良好的发展环境，推动北京"博物馆之城"建设。

（二）优化博物馆结构布局

依托"两轴三带"建构博物馆之城轮廓肌理。立足北京城市总体规划的空间布局特征，以中轴线为纵轴，长安街为横轴，串联我市地标性大型博物馆。充分发挥大运河、长城、西山永定河三条文化带所承载的自然文化资源优势，建设一系列主题特色博物馆、乡村博物馆、社区博物馆，建构以"两轴三带"为核心的北京博物馆之城轮廓肌理；推动博物馆建设"多点开花"。支持东城、西城、朝阳等有条件的区县实施"博物馆强区"战略，提升城市文化品质。结合北京老城整体保护与复兴、三山五园国家文物保护利用示范区建设，打造"随时可闻、随地可见、随机可讲"的"全域博物馆"。利用腾退文物建筑、工业遗产、空置厂房等闲置空间及城市综合体，免费或低租金主动引入博物馆文化功能，构建形成一批博物馆社区。鼓励非国有博物馆"抱团发展"形成一批博物馆聚集区；建设一批代表首都形象的地标性博物馆。配合京津冀协同发展、北京城市副中心建设等国家重大战略，以及长城、大运河国家文化公园建设等国家重大文化

工程，围绕古都文化、红色文化、京味文化和创新文化四大方面，支持、推动建设一批代表首都形象的现代化博物馆。积极吸引中央部委、军队、中央企业、高等院校在京设立博物馆。

（三）提升博物馆发展质量

聚焦博物馆质量提升，推动事业发展提质升级，从小到大，从弱到强，从大到优，使北京博物馆事业迈入高质量发展的新阶段。将持续推动北京地区博物馆在场馆设施建设、藏品保护研究、陈列展示和免费开放、满足民众需求、推动中外文化交流等方面不断取得新进展。推动博物馆树立专业化收藏理念，健全博物馆藏品管理和保护机制。充分利用北京历史文化名城文物保护等专项经费，系统保护和修复国有馆藏可移动文物。创建全国文物艺术品交易中心，搭建文物艺术品交流交易平台，有效增加博物馆的藏品来源渠道。理顺体制机制障碍，着力提高博物馆文创能力和水平。提高展陈质量，组织博物馆集中推出优质展览并开展大规模宣传，营造博物馆文化氛围。注重提高博物馆学理论研究水平，加强学科建设，与高校、科研机构等联合建立国家级博物馆学科研究中心、文物保护利用科研中心和北京博物馆之城建设协同创新中心，使北京博物馆之城建设顶层设计更加优化、行动步骤更加有序、建设成果更加丰富。

（四）完善博物馆服务功能

北京博物馆之城建设，将着眼于"四个中心"功能建设，着力于"四个服务"水平提升，探索构建首都新发展格局的有效路径，全面融入首都经济社会发展大局。结合"双减"政策，与市教委加强合作，搭建馆校合作平台，建立馆校合作机制，研究制定博物馆"教育专员"制度。深入推进博物馆进校园、进乡村、进社区等活动。推动博物馆功能进社区、进乡村，实现部分博物馆错峰开放、延时服务，着力构建15分钟公共文化服务生活圈，使博物馆之城真正贴近群众、贴近生活。推动博物馆加强对中华优秀传统文化的创造性转化和创新性发展，立足市属博物馆，以引领示范带动"一馆一品"博物馆品牌建设。要围绕全国文化中心建设，培育新兴业态，推动博物馆展览和活动向高端化、融合化、集约化、国际化发展。

（五）发动社会力量全面参与

更好运用市场要素的协同创新。积极引入社会力量，鼓励吸引社会力量共建、共管博物馆，努力推动"私家珍藏"走向"社会共享"。推动博物馆公共服务市场化改革，引入竞争机制，鼓励社会力量参与展览、教育和文创开发。加强与大数据、融媒体等科技文化企业合作，借助各线上平台创新传播模式，着力推出云展览、云直播、云论坛、云讲座等。搭建文创产业合作平台，打造更多具有首都特色、融合现代元素的文化 IP，探索多渠道运营模式，完善博物馆文创产业发展。开展形式多样的宣传活动，充分运用两微一端、短视频、H5 等新媒体模式，宣介展品、推广博物馆。发展壮大博物馆之友和志愿者队伍，构建参与广泛、形式多样、管理规范的社会动员机制，努力把志愿者队伍打造成为一支流动的宣传栏、身边的扩音器。大力实施"博物馆 +"战略，找准博物馆与教育医疗、科技创新、旅游商业、传媒设计、城市规划等生产生活的契合点，倾听大众与小众的不同需求，研究适应引领文化心理变迁，促进博物馆与社会各领域跨界融合。

（六）提升博物馆国际化水平

加强博物馆服务国际化，提升北京博物馆涉外接待能力，培育具有多语种导览能力的专业博物馆，培训一批具有外语讲解和涉外接待能力的专业讲解员。推动一批精品博物馆、特色博物馆成为外交外事活动场地。建立出境展览项目储备库，深入挖掘中华优秀传统文化精髓，弘扬中华文化蕴含的人类共同价值，推出一批中国故事、国际表达的文物外展品牌。探索博物馆研究国际化，支持有条件的大型博物馆与海外博物馆、研究机构联合申报科研课题、建立联合实验室、互派访问学者，支持北京地区博物馆高质量学术成果在海外出版发行。

北京博物馆之城建设必将成为推动首都文化事业提质增效、释放增长潜力、实现绿色可持续发展的新动能，为首都经济社会高质量发展提供不竭动力。

参考文献

1.《北京市推进全国文化中心建设中长期规划（2019—2035 年）》。

2.《北京市"十四五"时期文物博物馆事业发展规划》。

3.《北京市博物馆之城建设发展规划》（过程稿）。

4.《博物馆蓝皮书：北京地区博物馆发展报告（2021~2022）》，社会科学文献出版社，2023 年。

数字时代的博物馆之城体系与
天然活态博物馆建设构想

北京市考古研究院（北京市文化遗产研究院） 李卫伟

摘 要： 本文以国家关于博物馆建设的政策为指导，以数字思维为出发点，以技术融合为支点，以文化遗产形成产业链为指向和目标，阐述了博物馆之城建设应当包括现有博物馆提升和新博物馆的建设、不可移动文物全面纳入博物馆之城、构建开放共享的线上和虚拟博物馆三个方面。希望通过三个方面的相互融合，构建起一个可移动文物、不可移动文物、考古遗址与非物质文化遗产互为补充支撑，线上线下并举，现实和虚拟相互映射的博物馆之城体系，让整个城市真正成为一个天然的、活态的博物馆。

关键词： 博物馆之城 现有和新建博物馆 纳入不可移动文物 线上和虚拟博物馆 产业与技术融合 天然活态博物馆 方针与路径

2005 年，东莞市委、市政府颁布实施《东莞市建设博物馆之城实施方案》，随之出台了《关于博物馆之城建设优惠政策的实施办法》，正式提出了博物馆之城的概念和目标。2006~2010 年又相继有上海、成都、昆明等 7 座城市提出了博物馆之城的建设计划。截至 2021 年底，根据国家文物局公布的数据，已经有北京、西安、南京、保定等 26 个城市宣布了博物馆之城的建设目标。2021 年，中宣部、科技部、文化和旅游部、国家文物局等九部门联合发布的《关于推进博物馆改革发展的指导意见》中也提出了"加强博物馆资源整合与协同创新。探索在文化资源丰厚地区建设'博物馆之城''博物馆小镇'等集群聚落"。与此同时，随着 2019 年工业和信息化部向四大电信运营商颁发了 5G 牌照，标志着 5G 元年的到来和我国正式进入数字时代，与高速通信伴生的数字技术也已经被作为国家战略得到重视。在数字技术引领的新时代背景下，笔者认为博物馆之城建设应该充分结合时代技术和新理念，为文化遗产开拓更为广阔的空间和前景，为文物工作开创新格局。希望本文能为各省区市在落实中央精神制定博物馆建设政策和博物馆之城的具体实施中提供新思路。

一、现有博物馆和新建博物馆的主要建设方向和内容

在数字技术的语境下，现有博物馆的提升应主要集中在利用现代技术完善基础和解决痛点方面，而新建博物馆则主要应致力于完善博物馆体系布局和引入社会力量形成众创局面。

（一）现有博物馆提升的主要方向

通过对现有博物馆的改造提升和新博物馆的建设，形成体系布局更合理、内容更丰富的博物馆展示传播体系。而现有博物馆提升的主要方向应该是致力于博物馆存在的主要痛点和大众的集中需求。因"故宫跑"而著称的故宫博物院各种特展，其背后重要的原因是很多人可能"这一生也就只能看到这一次了"。不只是故宫博物院，这暴露的是整个博物馆行业存在的一个重要问题，即藏品展出率低。对 6 座大型博物馆藏品展出率的统计数据显示，平均不足 3%（表 1）。也就是说，如果按照一次展览展出一年，那么一件藏品平均 33 年才能看到一次。笔者将这种展出率不足称为"隐藏的文物"。因此，现有博物馆在展出内容建设方面最主要的方向应该是提高展品的展出力度。

表 1　全国 6 座重要博物馆藏品展出率

博物馆	馆藏文物总数 万件 / 套	常展展出文物数 万件 / 套	展出文物占比	统计年份
故宫博物院	186	约 3.72	2%	2017 年
中国国家博物馆	140	3	约 2.1%	2018 年
首都博物馆	25	0.56	约 2.2%	2019 年
陕西历史博物馆	171	0.5	约 0.2%	2018 年
上海博物馆	101.9	12	约 8.5%	2019 年
南京博物院	43	1	约 2.3%	2018 年

注：数据由笔者参考相应相关博物馆的官方网站公布数据统计得出

在数字技术赋能的背景下，提高藏品展出率的途径之一是对藏品实行全

面数字三维信息采集，将采集的数字信息数据通过线上展厅全面展示，以满足大众对藏品展出的需求。数字三维信息采集的数据具有高精度、高覆盖率等特性，人们可以在线上展厅随时随地地从任何一个角度清晰地看到每一个细节，不但可以满足艺术欣赏需求，也可以满足鉴定、学习、研究等多种需求。

（二）新建博物馆建设的主要内容

在政策方面应该鼓励社会参与兴办博物馆，政府给予政策支持或资金补助。《关于推进博物馆改革发展的指导意见》指出，"坚持开放共享。营造开放包容的发展环境。推动博物馆公共服务市场化改革，引入竞争机制，鼓励社会力量参与展览、教育和文创开发。实施'博物馆＋'战略，促进博物馆与教育、科技、旅游、商业、传媒、设计等跨界融合"。多元参与兴办博物馆也是数字时代众创共享与融合理念的具体体现。社会参与建设不但增加了资金来源渠道，更为重要的是这些参与者也将是博物馆的最忠实受众，有利于全面增强博物馆的生机和活力。

新建博物馆应该以平衡空间区域布局、填补体系空白、满足迫切需求为主要方向和内容。在场馆方面尽量考虑不可移动文物、历史建筑以及非物质文化体验馆等文化资源。注重建立以博物馆为重要纽带的文化遗产产业链和产业体系。同时，除实体博物馆之外，新建博物馆还应将区域性线上博物馆和虚拟博物馆作为重要内容。

二、不可移动文物全面纳入博物馆体系的方法及其主要建设方向和内容

在过去的博物馆体系当中，不可移动文物并没有作为主要组成部分被列入其中，只有部分利用了不可移动文物作为展馆的博物馆会将建筑等与展品进行结合。在人工智能和数字技术的赋能下，全面将不可移动文物纳入博物馆体系时机成熟、潜力巨大、空间广阔。

（一）不可移动文物全面纳入博物馆体系的方法

不可移动文物作为反映古代和过去历史、艺术和科学的重要载体，本身就具备展览展示功能。除了故宫博物院、天一阁等本身就是将古建筑作为展品和博物馆承载体的不可移动文物外，还应该将其他未开放的不可移动文物通过人工智能和数字技术的赋能，全面纳入博物馆之城建设体系，使不可移动文物成为散布于大街小巷、广阔大地上的"天然博物馆"。而且，不可移动文物可挖掘的潜力巨大。很多在世界、全国或者本地居民中具有广泛影响力的不可移动文物是极具价值的天然 IP，自带流量。更为重要的是，这些"天

然博物馆"无论是熟悉程度还是空间位置更贴近大众，他们应该成为继现有博物馆之后讲述城市历史、城市故事的又一主力军。具体做法可以是开发一套线上与线下同步的说明导览系统，以移动端设备为终端，利用 720 全景展览、手机 App 或者微信小程序等渠道进行传播。笔者在 2018 年参与的北京新街口街道西四地区社区博物馆项目就是一个案例。由于该博物馆缺乏传统的博物馆空间，于是笔者带领的团队便提出了建设虚拟博物馆与线上线下并行的"天然活态博物馆"构想并付诸实施。该社区博物馆以北京西四地区最具特色的北京四合院为主要展示对象，集虚拟现实沉浸式体验复原的老北京四合院（图 1）、线上 720 全景展示现有四合院的内涵与价值（图 2）、线下实体参观配合在线语音讲解于一体（图 3）。

图 1　利用虚拟现实技术复原的老北京四合院（界面出自笔者团队开发的程序文件）

图 2　利用 720 全景技术在线展示西四地区胡同四合院（界面出自笔者团队开发的程序文件）

图3　利用720全景技术在线展示西四地区胡同四合院（界面出自笔者团队开发的程序文件）

图4　西四地区720全景技术参观胡同四合院二维码入口

（二）不可移动文物纳入博物馆体系的建设方向和内容

　　以上案例仅仅是将一个很小区域的不可移动文物纳入了博物馆体系。试想，如果将西城区全部纳入，如果整个北京市甚至是全国建立起覆盖大部分不可移动文物的说明导览系统呢？因此，要实现将本区域内的不可移动文物全面纳入博物馆之城体系需要完成三个内容。第一是全面挖掘本地区不可移动文物资源，并将之体系化、图谱化，以便于展示传播。第二是建设内容应该着眼于人们通过日常最实用和熟悉的手机、iPad等操作简便的移动终端便可以承载的在线和线下实地参观的全程说明讲解、导航、导览的系统。如果说建立途径便捷的说明导览系统是一种方向，而建立起内容丰富的说明讲解词，建立起快捷的文物与文物之间的检索、导航功能，建立起精准、简明的文物导览功能则是不可移动文物纳入博物馆的重要建设内容，也是核心内容。第三是要建立起与说明导览系统相配套的线下标识系统。标识系统的主要作用是线下提示和线上的重要入口。这样就形成了一套不可移动文物的标识说明导览系统，线上线下并举地展示和传播文物内涵与价值。

三、线上博物馆和虚拟博物馆建设的主要方向和内容

线上博物馆因其不受空间限制和灵活便捷等特性广受欢迎，尤其是近年来更是如雨后春笋般产生，极大地满足了参观需求。今后，利用数字技术，尤其是虚拟现实技术创建虚拟博物馆能够更大地赋能博物馆的保护、管理和展览工作，具有巨大发展潜力。

（一）线上博物馆和虚拟博物馆的异同

本文所指线上博物馆主要定义为对博物馆现有场馆、藏品和不可移动文物的线上展览展示，比如利用现在最为流行的 720 技术的云参观、H5 网页端展厅、微信小程序、手机 App 等。而虚拟博物馆则是以数字技术的虚拟现实和增强现实为支撑，以创造出现实空间中不存在的、虚拟的博物馆为目标。一方面是通过数字模型建造起一个虚拟的展馆，这个展馆的外观可以是一组建筑、一栋建筑、一个展厅、一个展室；另一方面是虚拟展馆空间内的展品的陈列布置。虚拟展品的来源既可以是某一个既有博物馆的藏品，也可以是多个博物馆藏品的集合或者多个博物馆的某一个主题系列藏品的组合，甚至是一个地区藏品的集合体。他们也可以是虚拟创造出的藏品、场馆。这充分利用了数字时代数据的便利性和快捷性。当然，线上博物馆和虚拟博物馆也是可以相互转化的，虚拟博物馆的重要展出形式和阵地就是互联网和移动通信的线上服务。虚拟博物馆如果非常受欢迎，也可以将之实体化。第三个方面是创建开放共享的线上博物馆和虚拟博物馆相融合的数字博物馆体系。

（二）线上博物馆的建设方向和内容

2020 年受新冠疫情影响，全国博物馆系统已推出 2000 多个线上展示，总浏览量超过 50 亿人次。这些线上展示基本上都是上文提到的对现实博物馆的线上化。但在数字技术赋能下，线上博物馆发展应该还有两个方向：

一是区域综合线上博物馆。目前线上博物馆基本上都是每个博物馆的线上化，而集合了区域藏品优势的大区域线上博物馆，其形成精品展览和主题更广泛、藏品更丰富展览的可能性更大；二是开拓更广阔的展览和传播形式。陆建松在《论博物馆展览各级传播目的的设定及执行》一文中提出，"从本质上讲，博物馆的展览是一种观点与思想、知识与信息、文化与艺术乃至价值与情感的传播媒介"。因此，为了真正做到传播、做好传播，博物馆就不能够被刻板印象的传播方式所束缚，而是应该转换思维，采取不拘一格的形式去选取多种媒介相互配合地做好传播。这也是数字时代的经典理念"融合"的具体体现。例如，可以结合时尚传播途径，开创在抖音、哔哩哔哩等平台播放的短小精悍的短视频展览等大众喜闻乐见的新内容形式。北京和西安等地已经联合广电融媒体平台开展了一系列活动。这都可以是线上博物馆的重要组成部分。

（三）虚拟博物馆的建设方向和内容

由于虚拟博物馆是一个利用数字技术建立起的云端博物馆。因此，从展馆的外观造型、展厅布置到藏品既可以是现实中存在的，也可以是淹没于历史长河中的经典之作，还可以是现代"文创"品。由于虚拟博物馆具有这种高度的灵活性，通过它我们既可以虚拟复原古代的城市和乡村，也可以虚拟再现历史上不幸消失的著名景观、建筑、工艺品、科技产品等等。这就为我们建立任何想要的博物馆场景和展览提供了可能性，也为文物元宇宙提供了基础。

虚拟博物馆的一种形式是在线上通过移动端和VR眼镜设备参观游览；另一种形式是线下建立起一个利用虚拟现实（VR）技术（或增强现实AR、混合现实MR）实现虚拟和现实混合的参观体验厅。

当然，这里也出现了一个问题，虚拟博物馆的数据从哪里来？全国文物普查数据可以作为重要基础和来源。以全国文物藏品数据为基础的展览，无论是精品展还是某一个类型的展览，其广度和深度是一个实体展馆几乎无法实现的。如果将视野放宽到全世界，影响力更是巨大。更为重要的是，虚拟博物馆带来的不仅仅是在展示传播方面的益处，其影响还包括保管、研究、设计等诸多方面。它所拥有的海量数据信息和广阔视角，提供了前所未有的研究资料库和天马行空的设计创意空间，更为每一个人建立自己的私人博物馆提供了可能性。但是，这也为现有博物馆建设提出了一个重要的工作内容，即上文提到的馆藏品的数字化信息采集和数据共享。有开放共享的数据才能有数字博物馆体系的基础。

四、创造产业与技术融合的"天然活态博物馆"之城体系

上文所提出的传统实体博物馆、不可移动文物展示、线上博物馆和虚拟博物馆等多元要素构架起的博物馆之城体系，必将带来文化遗产的剧烈变革，而传统的主要依靠政府投入的方式无法满足如此巨量的博物馆之城产业。尽快建立起文化遗产的产业链和融合各种技术的天然活态博物馆是要做的第一步。第二步是走出文化遗产的圈子，创造出一个融入且用自己的力量影响整个社会大产业链的文化遗产新路径。

（一）创造相互融合的文化遗产产业链

目前，以数字技术和人工智能技术为代表的时代，最为核心的理念便是融合，包括产业的融合与技术的融合。过去，不可移动文物（古建筑）、可移动文物、考古、非遗四个方向可谓是"各自为政"。但是在新时代新技术的条件下，就能够在文化遗产领域内形成相互补充、相互融合的产业链和大平台。值得注意的是，目前我们将文化遗产分为四个方向，而在这些遗产产生的时代，可移动文物往往是附着在不可移动文物上的某一个构件或是陈设其中的某一件物品，不可移动文物有可能是通过某件可移动文物建造的，而建造不可移动文物和制造可移动文物的技术成为非遗技艺。三者所留下来的历史遗迹成为考古的内容。因此，四者在过去、在古代是相互伴生、互为依存的。而这种伴生和依存也恰恰是我们要展示的文物的重要内容之一。如某件精美的瓷器应该陈列在宅院的什么位置？某把锋利的古代宝剑是在什么样的铸造技艺与环境下打造的？某件考古出土的物品按照规制在墓葬中应该摆放在什么位置，与哪几件形成一个系列？按此思路，不可移动文物、可移动文物、考古和非遗就重新被整合为一个产业链。正如彼得·戴曼迪斯在《未来呼啸而来》一书中说："为什么是现在？答案很简单：融合。"是新技术给了他们重新走到一起的机会。同时，这个产业链需要一个充满生机的经济体系，支撑起博物馆之城的运转。

（二）创造技术融合的文化遗产大平台

产业融合背后的重要推动力就是技术的融合。传统展览展示方法和数字化方法、传统的采集手段和数字化的采集手段要融合并行。切合不同受众群体，适应不同展示需求。目前，在人员接受程度、需求、所处环境各不相同的社会条件下，必须创造一个技术融合的大平台。这个平台既包括线下的传统展览、虚拟沉浸式体验展览，也包括线上各种技术的实体展示和虚拟复原展览，当然也可以包括以公众考古为代表的考古展览宣传以及非遗工坊体验展厅。

（三）创造"天然活态博物馆"之城体系

根据以上论述，我们可以较为明确地提出"天然活态博物馆"之城体系建设包括将现有博物馆通过内容的大幅提升配合新建博物馆建设完善展示体系，将不可移动文物通过建设智能标识说明导览系统全面纳入博物馆展示体系，创立融合各种技术的线上博物馆和虚拟博物馆的数字博物馆体系。但是这只是达到了天然博物馆的程度，要想天然博物馆能够真正"活起来"，需要增加丰富的交流与互动，建立起人与博物馆之间的联系，建立起充满生机的文化遗产产业链。因此，添加公众参与项目的设置是必不可少的。这种公众参与的关键点在于激励机制的设立。为了保证用户黏合度，可适当给予相应的头衔奖励、物质奖励。

五、博物馆之城建设方针与路线

技术前行的道路上也需要思维与理念的转变，如此庞大的一个博物馆之城体系建设，更需要方针理念的指导。而在技术的赋能、大政方针与新理念的赋能与指导下，我们希望描绘出一幅恢宏的博物馆之城新图景。

（一）博物馆之城建设方针和原则

博物馆之城是一个庞大的体系，它包含了多个层面、多种业态，是一个产业链。因此，它不可能是一蹴而就的，需要多方力量，需要遵循渐进、众创、共享的方针和原则。渐进是每个地方根据自身特色逐步开展推进，不能一窝蜂、一阵风，而要长期持续。众创是既包括政府层面，也包括社会力量的企事业单位、团体和个人的全民众创，这也是实现文化遗产融入社会大产业链的具体路径。共享则是需要各个博物馆在藏品数据上打开格局，真正将馆藏文物信息数据分享给大众。这样，虚拟博物馆才有了数字展品的重要来源，也才有全民众创的基础。

（二）博物馆之城建设的技术路线和图景

博物馆之城最终的受众是大众，而大众的接受能力是多层次的，因此博物馆之城必须寻找出一条在使用上非常便捷、能力上非常智慧、参观上非常自主的建设技术路线与途径。

而这种能力的智慧化和参观的自主化既是适应大众的接受能力需求，也是我国还处于发展中国家阶段下经济实力不够强大的必然选择，因为博物馆之城的建设需要"轻资产化"，以解决目前我国博物馆"重资产化"的问题。

除上文提到的公众参与，在技术层面上不需要大量服务人员的自主参观，利用参观者自带的终端设备的智慧参观是有效的技术路线和解决方案。这个博物馆之城体系的图景是利用人工智能和数字技术开发一套集便捷、智慧和自主化为一体的说明导览系统，系统可以达到一部手机"走天下"的程度。当然，未来也可能出现比智能手机更加完善的终端设备，但必须提出的是，目前为止没有现代科技是专门为文化遗产研发的，我们只有在现有技术中发现、遴选、适配与融合。

六、结语

博物馆之城建设是一个多层面、多要素、多技术手段相互融合的体系，需要遵循渐进、众创、共享的方针和新技术老方法融合使用的原则。需要产业链和经济体系的支撑。相信在政策支持和引导下，在文博人和大众的共同努力下，在数字技术和人工智能等新技术赋能下，在新理念的加持下，必将描绘出一幅美丽的博物馆之城新图景，必将创造出一个充满生机和活力的"天然活态博物馆"新体系，必将实现博物馆之城建设的宏伟目标。

贯彻新发展理念，推动文物建筑保护利用高质量发展

山西省文物局　刘润民

摘　要： 近年来，山西省委、省政府高度重视和支持文物工作，出台《全面贯彻落实习近平总书记关于文物工作重要指示精神　奋力推动山西省文物事业高质量发展行动方案》《关于推动新时代山西文物事业高质量发展的实施意见》《山西省文物安全责任制实施办法》，省委把文物工作列入各市年度目标责任考核的 42 项专项考核之一，省纪委监委、省委巡视办组织文物工作纳入专项政治监督和专项巡视，省委编办为基层新增 129 个专项行政编制和 429 个专项事业编制。开展文物全科人才培养，实施利用政府一般债券支持低级别文物保护工程，建成国保、省保文物安全数字化监管平台，组建国保、省保专业化、常态化文物安全巡查队伍，全省文物系统立足山西文物资源实际，始终坚持保护第一，加强制度建设，探索改革路径，不断推动山西文物事业高质量发展。

关键词： 文物建筑　保护利用　改革　高质量发展

山西文物资源丰富，现有不可移动文物 53875 处，其中古建筑 28027 处、古遗址 13477 处、古墓葬 4298 处、石窟寺及石刻 1112 处、近现代重要史迹及代表性建筑 6715 处、其他 246 处。全省 53875 处不可移动文物中，全国重点文物保护单位 531 处，占全国总数的 10.5%，居全国第一，省级文物保护单位 779 处，市县级文物保护单位 11297 处。28027 处古建筑中，有全国重点文物保护单位 421 处，省级文物保护单位 407 处。元代及元代以前木构古建筑占全国的 80% 以上，特别是全国仅存的 3 座唐代木构古建筑均在山西。

近年来，在国家文物局大力支持和省委、省政府高度重视下，全省文物系统以习近平新时代中国特色社会主义思想为指导，全面贯彻落实习近平总

书记关于文物工作的重要论述和对山西工作的重要讲话重要指示精神，切实把树立新时代文物保护利用工作典范的政治责任扛在肩上，立足山西文物资源实际，持续深化拓展文物事业"11356"新发展格局，不断推动山西文物事业高质量发展。

一、主要做法及成效

（一）省委、省政府高位推动，不断健全文物保护利用工作机制

2019 年以来，省委常委会多次研究文物工作，省委把文物工作列入各市年度目标责任考核的 42 项专项考核之一，省纪委监委、省委巡视办将文物工作纳入专项政治监督和专项巡视。省委编办同意省文物局增设革命文物处、文物资源处、文物科技处，为基层新增 129 个专项行政编制和 429 个专项事业编制，为山西博物院、省考古研究院、省古建院增加事业编制 182 名。将云冈研究院升格为副厅级建制。省政府投入 1.2 亿元建设国保、省保文物安全数字化监管平台。建立线上线下文物安全监管长效机制，线上全力推进建设覆盖国、省、市、县四级的文物安全数字化监管平台，线下组建常态化、专业性的文物安全巡检队伍，对文物本体保存状况、安消防管理运行、保护区划内违规建设情况进行实时监控。出台《山西省不可移动文物自然灾害风险管理办法》，绘制了不可移动重点文物汛期风险分布图，联合气象部门建立气象灾害预警信息共享机制。出台《山西省文物安全责任制实施办法》，首次明确省、市、县、乡各级政府领导责任、相关部门监管责任、文物主管部门主管责任以及实际管理、使用者直接责任，文物安全主体责任不断压实。省人民检察院与省文物局联合印发《关于在检察公益诉讼中加强协作依法做好文物保护利用工作的通知》，开展文物领域公益诉讼。

（二）抢救性保护与预防性保护并重，大力推进文物建筑保护修缮与日常养护

按照抢救性保护与预防性保护并重、文物本体保护和环境及数字化展示并重的工作思路，有计划地推进全省文物建筑的保护维修与利用。党的十八大以来，累计争取中央和省级文物保护专项经费 24.67 亿元，用于我省古建筑的维修和抢险保护，使全省 860 余处古建筑文物单位得到有效保护。同时，启动元代及元以前木结构古建筑覆盖性保护工程，对全省元代及元以前木结构古建筑开展全面保护维修，并纳入省文物局重点项目支持范畴。目前，元以前木结构古建筑保护修缮覆盖率已达 85%，其中元以前国保古建筑修缮覆

盖率已实现 100%。从 2016 年开始，省财政每年安排 1000 万元专项经费用于国保、省保文物古建筑的日常养护工作。

（三）加快省级文物保护利用示范区创建，更好激发市县文物保护利用改革创新实践

在文物密集区体制机制改革基础上，我们选择部分市县作为省级文物保护利用示范区创建主体，各示范区立足本域资源禀赋，将文物保护利用与国家考古遗址公园建设、历史文化名城名镇名村保护、生态文化旅游示范区、特色专业镇建设、黄河流域生态保护与高质量发展、乡村振兴等国家、省、市发展战略、重点工作有机结合，形成不同主题。围绕文物保护利用机制体制改革和发展思路创新，突出各类文化遗产资源的科学保护，突出各类政策的突破集成，推动文物工作与区域经济社会发展的深度融合、双向促进，更好彰显文物资源在促进区域发展、传承历史文化、保护文化遗产的引领作用。比如，晋城市主要探索古堡、传统村落文物密集区保护利用与文化旅游融合发展的模式，2024 年 3 月，晋城古民居被列入国家级文物保护利用示范区创建名单。为推进文物保护利用示范区建设，省文物局印发《支持文物保护利用示范区创建的若干措施》，给予每个创建单位每年不低于 500 万元项目资金支持，并下放部分审批权限。

（四）建立国宝级文物特殊保护利用机制，发挥国宝级文物保护利用示范带动作用

省政府召开"全省石窟寺、古建筑、彩塑壁画及其他类型国宝级文物保护利用专题会"，对全省国宝级文物保护利用做出安排部署。按照省政府安排，省文物局将全省三大世界文化遗产地、国务院首批公布的全国重点文物保护单位、全国同类遗存中具有重大文化价值以及有较好文物保护管理基础且在区域内有较高知名度和影响力的 39 处全国重点文物保护单位作为国宝级文物保护利用试点名单，并会同省文旅厅联合印发《国宝级文物活化利用方案》，提出"出版读物故事化、推进展陈博物馆化、打造文创品牌化、开展研学基地化、提升环境景区化"等工作任务。根据国宝级文物类别及自身特点，围绕青少年教育，省文物局、省教育厅联合推进云冈研究院、晋祠博物馆、永乐宫壁画艺术博物馆创建省级研学实践教育示范基地。组织整理出版"山西国宝级文物故事"系列图书，现已出版 15 处国宝级文物故事书稿。

（五）实施利用政府一般债券支持低级别文物保护工程，有效改善低级别文物保存状况

2022 年，经省政府同意，我省启动利用政府一般债券加强低级别文物保护专项工程，省文物局和省财政厅联合印发《关于利用政府一般债券全面加强低级别不可移动文物保护的通知》，从 2023 年起"统筹利用本级财力、政府一般债券和上级文物保护专项补助经费，分轻重缓急对本行政区域内低级别不可移动文物实施全面保护修缮"，力争 10 年内全省低级别不可移动文物保存状况得到明显改善，这是有效加强低级别文物保护利用的一次制度创新。截至 2023 年底，我省已落实政府一般债券用于低级别文物保护资金 3.58 亿元，涉及 299 个项目。

（六）加强革命文物集中连片保护利用，更好传承红色基因

核定公布两批次革命文物名录，其中，不可移动革命文物 1150 处，可移动革命文物 12767 件 / 套。以晋察冀、晋绥、晋冀豫革命文物保护利用片区的革命文物为重点，开展晋察冀、晋绥、晋冀豫革命文物保护利用片区规划编制工作。坚持以点带面、串点成线的工作思路，紧盯灵丘、左权、武乡、黎城等革命文物重点县和武乡县八路军总部王家峪"1+4"片区，推进片区内文物本体保护、环境整治和展陈利用研究。以项目为抓手，推动私有产权转换，2024 年，完成 30 余处私有产权革命文物集体化、国有化。"十四五"以来，共安排国家和省级文物保护专项资金 1.9 亿元，实施 170 余项革命文物保护利用项目。推动八路军太行纪念馆与山西大学成功入选全国第一批国家革命文物协同研究中心。围绕红军东征、八路军总部、红色军工等特色资源的保护利用，全面推动高等院校人才资源、研究优势与我省革命文物资源禀赋的深度融合。

（七）深化"文明守望"工程，不断激发社会力量参与文物保护利用的活力和动能

2017 年 3 月，我们启动了"文明守望工程"，旨在推动社会力量积极参与文物保护利用，走出一条符合山西省情的文物保护利用之路。"文明守望工程"实施以来，省政府出台了《山西省社会力量参与保护文物保护利用办法》，省文物局等四部门联合印发了支持社会力量参与文物建筑认养、非国有博物馆发展、文物博物馆创意产品开发的 30 条政策。在文物建筑认养认领方面，全省共认领认养文物建筑 421 处，累计吸引社会资金 5.4 亿余元。2021 年我省 1000 余处文物因持续降雨受损后，社会力量积极参与文物灾后抢险保护，落实捐助资金 2800 多万元。同时，组织开展"守护乡野记忆"公益捐助活动，动员企业为 5 个市 17 个县 159 座受灾文物建筑搭设价值 861 万元的临时保护大棚。

（八）加强文保工程管理体系和制度建设，进一步提升文保工程管理水平

以"山西南部早期建筑保护工程"为契机，不断加强文物保护工程管理体系和制度建设，逐步建立了山西省文物保护工程质量管理链条，规范了文物保护工程开工审批、质量监督注册、施工过程质量控制、竣工验收等管理，明确参建各方各质量行为。印发《山西省文物局文物保护工程管理办法》《山西省文物局文物保护工程检查管理细则》《山西省文物局文物保护工程竣工验收管理实施细则》《山西省古建筑日常养护工程实施意见（试行）》《山西省文物局文物保护工程工地文明施工管理办法》等文保工程管理制度。此外，受国家文物局委托，编制了《文物建筑保护工程预算定额（北方地区）》。在加强制度建设的同时，完成了山西省文物保护工程监管系统建设，现已开始试运行。

（九）推进文物数字化保护，建立健全文物专题数据资源库

2014 年，我省启动文物数字化保护工程，对全省重点文保单位的基本数据、空间、色彩、结构、材质、病害等方面进行了数字化信息保全。从 2023 年起，省级财政每年投入 2000 万元持续推进濒危文物的数字化保护工作。目前，先后组织实施了五台山佛光寺、芮城永乐宫、太原晋祠、平遥双林寺、云冈石窟等一批重点文物保护单位的数字化保护，累计采集 900 余座单体古建筑、1100 余尊彩塑、11000 余平方米壁画的数字化信息。采集数据总量达到 1.5PB，初步建立了我省重点文物保护单位数字化信息资源库。

（十）强化人才培养和队伍建设，夯实文物保护基层基础

省文物局联合省委编办、省教育厅、省财政厅、省人社厅，出台《文物全科人才免费定向培养实施办法》，由山西省文物局和山西大学联合实施，通过定向招生、免费培养、定向服务，连续 5 年面向全省 117 个县（市、区）定向培养 600 名文物全科人才，毕业后直接到县（市、区）及以下文物保护事业单位定向就业，以期有效缓解基层文博单位专业人才严重匮乏、保护利用队伍力量薄弱的难题。2022、2023、2024 年已招生 335 名。此外，我们委托北京大学考古文博学院举办"木结构古建筑培训班""文博领军后备人才培训班"，从法规政策、文物保护工程管理、古建筑施工图的绘制和审核、中国古建筑木作营造技术和施工工艺、古建筑瓦石施工工艺等方面进行了授课。举办"古建筑保护高级培训班""全省彩塑壁画保养维护业务人员培训班"等，邀请敦煌研究院、陕西历史博物馆等单位彩塑壁画保护领域的专家学者进行授课。

二、存在问题

（一）基层文物保护机构队伍建设依然薄弱

全省 11 个市中，除太原市和大同市独立设置文物局外，其余 9 个市把文化、文物、旅游、广电相关职能整合在一起，组建成立文化和旅游局，同时加挂文物局牌子。在县级机构设置方面，全省目前没有独立设置文物局的县（市、区）。虽然省委编办根据我省文物资源分布情况，为基层核增 129 名行政编制和 429 名事业编制，但与繁重的文物保护任务相比，保护机构力量依然不足。此外，由于地方财力有限，经费投入少，通过社会购买服务方式配置的专职文物保护员也不多。

（二）文物活化利用方式和途径不多

山西是古建筑大省，但多数古建筑维修后，由于利用方式和利用途径不多未能对其实现有效利用，很多都是"一锁了之"。其原因主要有三方面。一是规模小，难以形成规模效应吸引游客参观。比如，沁县的普照寺大殿为第六批全国重点文物保护单位，虽然其文化价值很高，但现在仅存大雄宝殿一座建筑，占地面积也仅为 210 平方米，难以形成新的旅游景区。二是交通不便，对游客吸引力不大。山西是革命老区，交通不便，大多数文物建筑均地处偏远的贫困地区。比如，夏禹神祠位于平顺县阳高乡侯壁村，距离县城仅50 余公里，但路况较差，开车需要约一个半小时的时间。三是周边无其他旅游景区带动。普照寺大殿和夏禹神祠所在村庄大多数年轻人已外出打工，村庄呈现空心化倾向，本身人口就少，而其周边也没有其他旅游景区，无法带动更多游客前来参观。

（三）传统工匠老龄化趋势严重

传统工匠是古建保护修缮实践过程的"第一人"，在古建筑保护的整体链条中发挥着重要的作用。2020 年，省古建筑与彩塑壁画保护研究院开展了"山西省古建筑传统工匠调查"，根据近 500 个调查数据统计显示，我省古建筑保护修缮一线的匠人年龄层主要集中在 40~70 岁之间，其中 61~70 岁者是掌握技术的佼佼者（占比 10.7%），51~60 岁者技术纯熟并且是修缮工作的主要力量（占比 36.3%），41~50 岁者已是较稳定的古建筑修缮技术人员（占比 29.9%），而 31~40 岁的后备力量不足（占比 15.8%），尤其 30 岁以下的年轻从业者寥寥无几（占比 5%）。根据调查数据显示，我省工匠技术人员面临"技术无人可传"的断层危险。究其原因，主要是由于古建筑修缮传统技艺程序繁多、工艺复杂，学习起来费时费力，对一些刚刚从业的年轻人来说，很难有人能花 10 年、8 年去钻研这一行，而且工作一线待遇较低，工作辛苦，难以留住人才，并且受编制体制的限制，一些真正懂技术、懂工艺的传统老匠人难以进入体制内，不能享受相关待遇，技艺也难以传承。

（四）传统建筑材料缺乏

2012 年，山西古建筑维修质量监督站对我省古建筑木材材种进行了调查，发现我省现存古建筑构件多用本地松木、杨木、榆木，个别构件为柳木、枣木。而目前的修缮工作中，本地木材难求，多用东北松木或国外进口材料，陷入无法就地取材的困境。另外由于文物保护工程所需材料用量少，从事诸如红土、彩画颜料、加固用骨胶、鱼鳔胶等传统材料生产的厂家多数已经转产，造成传统材料难以在市场上购买。传统材料的缺乏越来越成为影响文物保护工程质量的重要因素。

三、下一步工作思路

坚持以习近平新时代中国特色社会主义思想为指导，深入学习贯彻习近平总书记关于文物工作重要论述和对山西工作的重要讲话重要指示精神，以"11356"工作矩阵，统筹推进文物保护利用改革各项任务，推动新时代山西文物建筑保护利用高质量发展。

（一）加强文博专业人才队伍建设

贯彻落实好《关于加强新时代高技能人才队伍建设的意见》，用好与山西文化旅游职业大学共建的文博技能学院、与山西工程科技职业大学共建的古建筑产业学院，加大技能人才培养力度，培养考古、古建、文物保护等文博相关领域的应用型、技术技能型人才。积极联系省人社厅，按照国家文物修复师职业技能标准，确定我省国家文物修复师等级评定的相关程序，做好技能人才的职业等级评定工作。定期开展文物行业职业技能大赛，逐渐形成以赛促训、以赛促学、以赛促建的良好氛围，弘扬劳模精神、劳动精神、工匠精神。

（二）拓展文物利用途径

通过"文物＋景区""文物＋研学基地""文物＋博物馆""文物＋数字

化"等方式，打造世界文化遗产、革命文物等文物主题游径。秉持"能开尽开"原则，加大文物保护单位对外开放力度。深入实施"文明守望工程"，支持和鼓励社会力量通过社会公益基金、全额出资、与政府合作等方式，获得低级别文物一定时限的管理使用权，在坚守文物安全底线的前提下，在文物活化利用途径上进行大胆探索和尝试，全面参与低级别文物保护修缮、旅游文创开发、文物传承发展等保护利用全过程。

（三）加强传统技艺保护传承

以课题的方式对传统技术、传统工艺进行分门别类地整理，鼓励采取师承制的方式培养下一代工艺传承人，确保传统工艺技术得到有效传承。开展文物保护行业传统工匠的技术类别及技术等级认定体系建设，为传统工匠技术提升、资格认定提供渠道，使其获得社会认同，增强个人价值感，吸引年轻一代加入文物保护匠人序列。建立文物保护行业传统工匠技能提升培训、培养机制，开展针对文物保护行业传统工匠的专业技能提升培训，有组织、分工种、分层次、分批次地实施培训，结合其个人技术等级、执业身份认定，促进行业健康发展。

（四）多渠道解决材料缺乏问题

通过与科研院所、大专院校及有能力的生产厂家实行联动的方式，为传统材料寻求生存之地，确保今后文物保护工程中传统材料的运用。谋划建立山西木、瓦、砖、灰、石、油、金属等多种材质基地和集散中心，为山西乃至全国文物保护行业储备修缮材料、提供加工技术服务，也可为仿古建筑市场提供材料供应，从而打造山西古建筑材料特色品牌。

统筹谋划精准施策，更好服务发展大局

——以新时代新理念做好上海社会文物工作

上海市文物局　李　晶　沈　山

摘　要： 2020 年 11 月 10 日，国家文物局和上海市人民政府正式签署《共同推进社会文物管理综合改革试点合作协议》，全国唯一的社会文物领域系统性改革试点在上海启动。本文立足上海改革试点，在社会文物管理体制、促进机制、开放路径、政策体系、监管制度、服务模式等方面先行先试的有效举措和问题建议，探析如何以新时代新理念做好上海社会文物工作、加快推进国际文物艺术品交易中心建设。

关键词： 社会文物　国际文物艺术品交易中心　文物市场　文物进出境　进博会

上海作为重要的经济、文化中心和东西文化的交汇地，一直以来都是民间收藏文物交易的重镇。2020 年 11 月 10 日，国家文物局和上海市人民政府正式签署《共同推进社会文物管理综合改革试点合作协议》，全国唯一的社会文物领域系统性改革试点在上海启动。目标通过三年试点，把上海建设成为"文物市场监管改革排头兵""社会文物政策创新示范区""社会文物保护利用新高地"。上海市文物局深入贯彻落实习近平总书记关于文物工作重要论述和指示批示精神以及考察上海时重要指示精神，聚焦国际文物艺术品交易中心建设，加快推进改革试点 10 项主要任务和 78 项具体举措，多项改革措施同向发力，资源配置能力有效提升，营商环境得到极大改善，市场流通交易日趋活跃，改革试点成效逐步显现。

一、上海社会文物管理现状和工作举措

（一）社会文物管理现状

上海目前有文物商店 58 家、经营文物拍卖的拍卖企业 78 家、民间收藏文物鉴定咨询推荐单位 10 家；涉及文物经营的古玩旧货市场 11 个，场内经营户 1103 家；涉及旧物、古玩（文玩）经营的互联网网站 317 个，从事民间收藏文物交易的市场主体整体数量和质量位居全国前列。2020 年，上海共举办文物艺术品拍卖会 580 场，是 2019 年的 5 倍多，审核文物拍卖标的 105425 件。审批新设立文物拍卖企业 5 家，新设立文物商店 2 家。审核上海文物商店调拨展品、商品 11200 件。2021 年全年上海共举办文物拍卖会 1004 场，上拍标的 125218 件，总成交额突破 60 亿元，同比增长 25%，约占全国市场份额 1/4（图 1）。

上海也是全国文物进出境审核数量最多的口岸之一。2019 年，建立全国首个入驻自贸区的文物进出境审核服务站，为文物通关、存储、物流和展示活动提供便利化查验服务。2020 年共办理文物进出境 148 批次 7504 件，协助海关查验疑似文物 17 批 2953 件。2021 年共办理文物进出境 7309 件，上海已成为嘉德、保利、佳士得、苏富比等国内外知名企业办理文物进出境首选口岸（图 2）。

图 1　上海文物拍卖市场情况

图 2　上海文物进出境情况

（二）工作举措

1. 出台《上海市民间收藏文物经营管理办法》

为加强民间收藏文物经营活动的监管，促进文物市场健康有序发展，满足人民对美好生活的向往，2019 年 12 月 16 日，上海市政府第 74 次常务会议审议通过《上海市民间收藏文物经营管理办法》，并于 2020 年 3 月 1 日起正式实施。这是全国第一个关于规范和繁荣文物市场的省级政府规章。主要创新点有：一是将古玩旧货市场内的商户纳入统一管理，形成政府管古玩市场、古玩市场管商户的监管模式；二是强调服务与监管并重，对相关行政审批事项的"一网通办"和信息公开、建立民间收藏文物鉴定咨询服务机制等服务和保障措施作出了明确规定；三是增加了对自建网站和电子商务平台经营者的管理要求；四是将涉案文物鉴定范围扩大至包含行政执法案件；五是首次提出支持文物经营单位的专业技术人员参加文物博物系列职称评定。

2. 成立全国首家社会行业协会

上海各文物拍卖企业、文物商店、古玩市场规模大小、内容特点、发展水平都不尽相同。为促进全市文物经营单位的共同发展和健康发展，2019 年 5 月，经上海市民政局批准，上海市社会文物行业协会正式成立，这是国内首个面向文物经营行业的地区性行业组织，现有会员单位 110 余家。通过行业组织引领、带动全市的文物经营单位以更加包容开放的胸襟和诚实守信的精神参与市场竞争，使文物市场健康有序、充满生机。

3. 开展民间收藏文物公益鉴定服务

从 2017 年开始，先后组织上海文物商店、朵云轩集团、上海市收藏协会、上海市文物保护研究中心和上海市社会文物行业协会等五家单位，面向社会开展常态化民间收藏文物免费鉴定咨询服务试点工作。同时，制定《上海市民间收藏文物鉴定咨询推荐单位工作规程》，形成了较为完善的民间收藏文物鉴定咨询制度，取得良好的社会反响。2021 年，结合青浦新城、嘉定新城、松江新城、奉贤新城和南汇新城五个新城建设，在五个新城的博物馆分别增设五家公益鉴定咨询点，为新城市民和周边市民提供免费公益鉴定咨询服务。截至目前，十家推荐单位已累计接待文物收藏爱好者 4 万余人次，无偿鉴定文物藏品总数超过 10 万件，受到群众普遍欢迎和社会舆论广泛好评（图 3）。该服务模式的建立，有效遏制了借文物鉴定名义实施诈骗活动等市场乱象，既保障了文物收藏爱好者的正当权益，又增强了人民群众依法收藏文物的意识。国家文物局对上海的此项工作予以充分肯定，并专门印发通知要求各省、自治区、直辖市参考借鉴"上海模式"。

图 3　民间收藏文物公益鉴定现场

4. 文博系列职称评定面向文物经营单位

在申请文物经营资质许可条件中，有一条核心要素就是文物拍卖企业需要有 5 名以上文博系列高级职称的专业人员，文物商店需要有 5 名以上文博系列中级职称的专业人员，而有职称的专业人员主要集中在文博单位，这是长期以来困扰文物经营单位的难题。2020 年 6 月 17 日，上海市文物局与市人力资源和社会保障局联合发布文博系列中、高级职称评审办法，新增文物流通专业，适用于在文物交易流通中从事数据采集、信息咨询、市场研究分析以及购销、拍卖和典当等相关工作的专业技术人员。此举为促进文物经营单位高质量发展提供强有力的人才队伍支撑。

5. 建立口岸海关文物进出境联系机制

按照《中华人民共和国海关法》《中华人民共和国海关对进出境旅客行李物品监管办法》和海关总署 2016 年第 14 号《关于暂不予放行旅客行李物品暂存有关事项的公告》等规定，海关在查验进出境运输工具、货物、物品，征收关税和其他税、费，查缉走私等工作中会涉及对文物、复仿制品的认定问题。目前虽有涉案文物鉴定评估机构和文物进出境审核管理机构对已立案和申报进出境的文物进行审核，但在实际工作中仍存在监管缝隙。为此，上海市文物局与上海海关协商确认，通过《上海口岸海关文保货物／物品工作联系单》，建立口岸海关文物进出境审核常态化工作机制。在进口缴税环节和出口查缉走私环节，协助海关对文保类货物、物品给出专业认定。

6. 创新古玩旧货市场管理模式

《文物保护法》规定了文物商店和文物拍卖企业两类文物经营主体，并明确，除经批准的两类主体外，其他单位或者个人不得从事文物的商业经营活动。根据国家文物局 2012 年印发的通知要求，文物行政部门需要按照文物商店审批条件对古玩旧货市场中经营文物的商户进行审批。但古玩旧货市场内的商户很难达到文物商店的审批条件，因此，在古玩旧货市场内事实上存在一批未经审批而从事文物经营活动的商户。针对这一情况，《上海市民间收藏文物经营管理办法》创新性提出了政府管古玩市场、古玩市场管商户的监管模式，古玩旧货市场内的商户可以由市场主办单位统一取得文物商店设立许可，依法从事文物经营活动。2021 年，上海虹桥、中福、云洲等几大古玩旧货市场都已先后取得文物商店经营资质，大量的小规模商户可以在"阳光"下合法开展文物经营活动。

7. 建立"进博会"文物类展品免税进境销售常态化机制

2020 年 12 月 9 日，在多方努力下，首次亮相"进博会"的 5 件文物类展品完成最后结算，成交额 34.9 万美元，免征 14.13% 关税加增值税后，共计减免税款 29.76 万元人民币。标志着在"进博会"展期内购买文物类展品的消费者真正享受到了免征进口关税、进口环节增值税和消费税的税收优惠政策。2021 年以来，在国家文物局的支持和指导下，上海市文物局会同上海海关、市商务委、进博局和外汇管理局上海分局等部门，建立常态化工作机制，加强政策衔接，打通瓶颈障碍，理顺交易流程，完善服务保障，实行全国唯一的自贸区内文物临时进境"6 月×N"制度，制定并发布了《中国国际进口博览会艺术品、收藏品及古物类展品服务指南（2021 版）》，深化社会文物改革试点举措与"进博会"平台的叠加效应。第四届"进博会"首次设立的文物艺术品展区，吸引来自英国、西班牙等 11 个国家和地区的 20 家境外机构参展（图 4）。最终，9 家机构的 41 件作品完成交易，总成交额 7.6 亿元。

图 4　"进博会"文物艺术品展区现场

8. 文物临时进境"6 月×N"管理制度

根据《文物进出境审核管理办法》的规定，临时进境文物在境内滞留时间不得超过 6 个月，经申请同意延期的最长一年内必须复出境。这项规定限制了文物艺术品保税仓储业务的开展。2020 年 11 月 10 日，国家文物局和上海市人民政府签署的《共同推进社会文物管理综合改革试点合作协议》中，正式提出了文物临时进境"6月×N"管理制度。国家文物局授权国家文物进出境审核上海管理处，上海自贸试验区内文物临时进境6个月后可受理并批准N次延期（图5）。此项政策有利于吸引越来越多流散在海外的文物回归中国境内保税存储、展示和交易。

图5　文物进出境查验现场

9. 推动长三角文物市场发展一体化机制

为深入贯彻落实《长江三角洲区域一体化发展规划纲要》，实施长三角一体化发展战略，上海市文物局会同江苏省文物局、浙江省文物局、安徽省文物局，研究制定了《长三角文物市场一体化规范发展战略合作框架协议》。一市三省文物局将以协同共进、服务大局、开放共赢、创新引领和惠民共享为原则，通过政府推动、资源整合、项目互动、政策引导、机制探索等方式，推动形成长三角地区资源集聚、要素集约、业态集群、效益集成的社会文物保护利用新高地。

10. 建设国际文物艺术品交易中心

浦东是中国改革开放的最前沿，一大批制度创新成果在这里诞生，向全国复制推广。2021年以来，依托浦东新区的制度基础、开放优势、战略地位和资源禀赋，上海市文物局和浦东新区政府共同推进"上海国际文物交易中心"建设，促进文物艺术品交易市场主体资源、专业人才资源、藏家资源等快速集聚，形成规模化效应。依托全球最大的一站式服务综合体——上海国际文物艺术品保税服务中心的硬件优势，强化交易中心保税仓储、运输等配套功能，打造文物流通全链条一站式综合体。

二、存在问题

（一）文物艺术品交易理念不成熟

从产业角度而言，国内文物艺术品拍卖行业从出现至今刚满 30 年，民间收藏者和企业经营者缺乏系统和理性的文物艺术品交易理念，并不考虑如何更好保护、解读、传承文物，而是以价值投资为驱动。一些不法分子更是利用藏市暴富效应的影响，骗取不懂法律的民众高额鉴定、检测、展览、服务、报关费用。还有一些人为了牟取暴利，大肆造假售假，致使赝品泛滥，严重阻碍我国文物艺术品市场的健康发展。购藏渠道不畅、经营诚信缺失等原因，使得人民群众持续增长的收藏需求没有现实地、有序地释放出来。

（二）文物部门与海关存在监管缝隙

按照《中华人民共和国海关法》《中华人民共和国海关对进出境旅客行李物品监管办法》和海关总署 2016 年第 14 号《关于暂不予放行旅客行李物品暂存有关事项的公告》等规定，海关在查验进出境运输工具、货物、物品，征收关税和其他税、费，查缉走私等工作中会涉及对文物、复仿制品的认定问题。但实际工作中，海关因无法对文物、疑似文物、复仿制品和当代艺术品作出专业判断，且文物系统的进出境电子标签无法与海关互联，导致在进境环节助长逃税漏税，出境环节无形中放任走私行为。

（三）文物市场监管依然薄弱

对于有资质的文物拍卖企业，主管部门可以通过建立信用信息分级分类系统、事中事后监管制度等进行约束。但文物商店准入门槛过低，且没有退出机制，方便一些不法分子借此以文物商店之名行诈骗之实。对于其他没有文物经营资质的企业的违法违规行为，需要公安、工商、商委、海关等各部门力量联合打击防范，目前尚未形成有力的执法协作长效工作机制。

（四）民间收藏文物鉴定制度环节的缺失

由于目前我国尚无关于文物鉴定机构及其专业从业人员资质的相关管理，所以也就没有关于设立文物鉴定行业准入的行政前置审批的法规政策，其设立时在工商部门注册准入门槛极低，大多是以技术咨询等形式在工商部门登记注册，并在其经营范围内直接申请表述古玩或艺术品鉴定项目的经营性服务公司，其中的从业人员和鉴定人员也是良莠不齐，对涉及鉴定的物品收费也没有明确的标准，进而为文物艺术品交易中的"假拍""拍假""商业欺诈"等诸多违法行为带来可乘之机，直接影响了广大民众的切身利益，在全社会造成极坏的影响。

三、政策建议

（一）加大保护利用，培育收藏文化

坚持保护优先，加强合理利用，实施文物收藏、鉴赏知识宣传普及项目，通过文物鉴赏和法律法规知识线上公开课，举办讲座、论坛、培训等多种形式的活动，普及文物鉴赏和收藏知识，培育新时代收藏文化，引导公众理性收藏。

（二）与海关建立文物进出境联动机制

与海关加强联动，健全文物进出境监管流程与工作机制。一方面可以在全国范围内推广上海目前已经比较成熟的进出境审核管理处与各口岸海关的工作联系单制度，另一方面探索将现有文物进出境系统中的出境电子标签与海关进行信息共享。各口岸海关可以通过手持机扫描电子标签获取该出境物品的信息。

（三）建立文物拍卖企业信用信息分级分类管理平台

建立文物拍卖领域的信息数据库，实现文物拍卖市场主体、交易文物登记的信息化、精细化管理，并对接企业信用信息服务平台。配套制定文物拍卖企业信用分级分类管理办法，用对红白黑名单的动态管理，制定差别化的文物准入交易制度和事中事后监管规则。

（四）构建多层次文物鉴定服务体系

在全国范围内扩大民间收藏文物公益鉴定咨询服务范围，形成常态机制。明确文物鉴定专业人员认定标准，文物鉴定经营活动实施程序和监管制度，探索培育开展经营性鉴定服务活动的专业机构。

贯彻新发展理念下历史文化村落保护利用
高质量发展的浙江实践

浙江省文物局　裘晓翔

摘　要：浙江历史文化村落资源丰富，总体呈现"分布广、体量大、种类多、价值高"等特征，在历届浙江省委、省政府高度重视下，在新发展理念的指导下，通过理顺工作机制、制定政策法规、实施规划编制等坚持高位推动，注重顶层设计；通过开展资源调查、加大资金投入、实施保护修缮坚持保护第一，夯实工作基础；通过合力促进民生改善、联动谋求赋能发展、打通活化利用路径坚持合理利用，创新活化举措。经过连续多年的保护利用实践，浙江历史文化村落已成为美丽乡村的"金名片"、乡风文明建设的"主阵地"、农民增收的"新引擎"，为高质量建设共同富裕示范区发挥着独特的作用。

关键词：新发展理念　历史文化村落　保护修缮　活化利用

历史文化村落作为乡村人居环境和乡土文化遗产的一种重要类型与载体，大多承载着厚重的历史文化积淀，是中华民族的历史记忆和文化标志。历史文化村落保护利用是一项功在当代、利在千秋的民生工程，为深入贯彻习近平新时代中国特色社会主义思想和党的十八大、十九大、二十大精神，贯彻落实习近平总书记关于推广浙江"千村示范、万村整治"工程经验做法的重要批示，深刻践行习近平总书记关于文物工作、"三农"工作的重要指示和重要论述精神，在新发展理念的指引下，近年来浙江省持续开展了卓有成效的历史文化村落保护利用工作，为推进乡村振兴、美丽乡村建设和农村高水平现代化提供了扎实的工作基础。

一、资源禀赋

浙江地处中国东南沿海，气候温和、物产丰盛、山川秀丽、人文荟萃，在历史上经济和文化都有较高的发展，不仅拥有"万年上山"和"五千年良渚"这两处实证中国一万年文化史、五千多年文明史的重要史前文明坐标，在历史时期浙江作为吴越文化、宋韵文化、江南文化的重要阵地一直熠熠生辉，历史上的数次人口南迁促进了南北文化不断交融，在这片"七山一水二分田"的浙江大地上，孕育了大批传统村落，这是人类历史留给我们的宝贵财富，必须倍加珍惜。

按地形地貌，全省大致可分为浙北水网平原、浙西山地丘陵、浙东沿海丘陵、浙南山地、浙中金衢盆地、东南沿海平原及滨海岛屿等七个区域。因多山、多水、地形富于变化，浙江历史文化村落总体呈现"分布广、体量大、种类多、价值高"等特征。按地域类型可分为：水乡村落，民居多临水而建；沿海村落，石构民居沿石而上，矗立海边；平原村落，以大宅院落规整布局；山地村落，建筑因山就势，层叠有序。同时，因耕地少、人口多的现实因素，数千年来的演进使浙江传统村落布局呈现力求少占耕地，向"水"、向"山"争取居住空间的特征（图1）。

图1　温州市永嘉县岩头镇丽水街

自 2003 年全面部署实施"千村示范、万村整治"工程以来，浙江省历史文化村落得到有效保护，形成了全国重点文保单位、省级文物保护单位、市级文物保护单位和文物保护点全覆盖的保护体系。从我省现有 281 处全国重点文物保护单位来看，如兰溪诸葛长乐村民居、兰溪芝堰村建筑群，诸暨斯氏古民居建筑群、武义俞源村古建筑群、浦江郑义门古建筑群、永嘉县芙蓉村古建筑群等群体规模的传统乡土建筑（群）类型有 31 处，约占总数的 10.7%；869 处省级文物保护单位中有 194 处，约占总数的 22.3%。为进一步拓展乡土建筑的保护范围，我省还在全国较早建立了由政府公布历史文化街区、村镇的保护机制。1991 年至今，省政府已先后公布五批共计 231 处历史文化名镇、名村和街区（不含名城内街区），其中历史文化名村 142 处，有 28 处列入住房和城乡建设部、国家文物局公布的中国历史文化名村，目前已形成覆盖国家历史文化名村、中国传统村落、中国景观村落和省级历史文化名村的较为完善的保护格局（图 2、3）。

图 2　金华市兰溪市诸葛村

图3　丽水市缙云县新建镇河阳村（首批中国传统村落）

二、实施成效

浙江省委、省政府历来高度重视传统村落保护利用工作，作为全国第一个在全省范围部署开展历史文化村落保护利用工作的省份，浙江省严格按照"保护为主、抢救第一、合理利用、加强管理"的方针，围绕"修复优雅传统建筑、弘扬悠久传统文化、打造优美人居环境、营造悠闲生活方式"和"保护建筑、保持肌理、保存风貌、保全文化、保有生活"的"四优""五保"目标要求，以"千村示范、万村整治"工程为载体，根据浙江实情，因地制宜地将历史文化村落分为历史古建型、自然生态型和民俗风情型三种类型分类实施保护利用工作。经过连续多年的保护利用实践，这些历史文化村落已成为浙江美丽乡村的"金名片"、乡风文明建设的"主阵地"、农民增收的"新引擎"。纵观浙江省历史文化（传统）村落保护利用工作取得的经验做法，可归纳如下：

（一）坚持高位推动，注重顶层设计

1.制定政策法规，强化引领保障

2003年6月，浙江启动"千村示范、万村整治"工程，明确提出对有价值的古村落、古民居和山水风光进行保护、整治和合理开发利用；2006年浙江省委、省政府明确提出，在新农村建设中要切实加强对优秀乡土建筑和历史文化环境的保护；2012 年浙江省出台《关于加强历史文化村落保护利用的若干意见》，作出保护利用历史文化村落的战略决策，从 2013 年起每年启动 43 个重点村和 210 多个一般村的保护利用工作，给予相应资金和土地指标补助；2016 年印发出台《关于加强传统村落保护发展的指导意见》，提出了"整体保护、活态传承、保护优先、合理利用、居敬行简、最少干预、因地制宜、分类推进、政府主导、村民自主"的保护原则，形成了全省历史文化（传统）村落保护利用的工作格局；党的十九大提出实施乡村振兴战略后，浙江省委、省政府更是把传统村落保护发展作为乡村文化振兴重中之重的工作来抓。正是通过不断出台专门文件，制定相关政策、法规，浙江省历史文化村落保护利用工作不断走深走实，逐步形成了"建设有方向、实施有计划、政策有实招、推进有进度"的工作步调。

2. 健全工作机制，紧抓工作实效

习近平总书记在浙江工作期间，每年都出席全省"千万工程"工作现场会，明确要求凡是"千万工程"中的重大问题，地方党政"一把手"都要亲自过问。浙江省历届党委和政府坚持农村人居环境整治"一把手"责任制，成立由各级主要负责同志挂帅的领导小组，每年召开一次全省高规格现场推进会。目前，农业、住建和文物三方面主要力量在传统村落保护发展工作中已建立联动工作机制，形成了住房城乡建设部门、农业农村部门和文物部门牵头负责，发改、财政、自然资源、环保等部门密切协作的工作模式。同时，在工作落实上全省上下能够坚持党政"一把手"亲自抓、分管领导直接抓、一级抓一级、层层抓落实的高效务实工作模式。此外，强化监督考核和奖惩激励，如省委、省政府把农村人居环境整治纳入为群众办实事内容，纳入党政干部绩效考核和末位约谈制度，用督查杠杆撬动工作实绩向好发展。

3. 推动规划编制，注重顶层设计

为科学做好传统村落保护发展工作，我省制订了《浙江省历史文化村落保护利用重点村规划设计参照要求》和《浙江省传统村落保护发展规划编制导则》，为全省开展规划编制提供科学的技术规范和操作流程，坚持规划先行，积极推动传统村落规划编制工作。现已全部完成四批 401 个中国传统村落保护利用规划编制和 146 个省级传统村落规划编制。规划中突出把握了以下几条原则：理念上，坚持保护为先，保护传统村落的地域特色、历史风貌、文脉传承，正确处理保护与发展的关系，强调因村因地制宜、科学合理适度，严禁大拆大建、过度开发。深度上，全面把握村落格局、结构肌理、建筑元素、民风民俗等特点，充分挖掘每个传统村落的文化遗存，深入了解村民需求，做到见人、见物、见生活。手法上，强调保护历史风貌的原真性、完整性、延续性，采取原材料、原工艺开展修复，对影响风貌的现有建筑进行管控、整治，保持整体风貌的协调性。"小桥流水"的杭嘉湖民居、"中西合璧"的宁绍舟民居、"雕梁画栋"的金衢严民居和"古朴自然"的温台处民居典型风貌得到了有效保存（图4）。这些极具特色风貌的传统村落，为"诗画浙江"的现代版"富春山居图"留下了浓墨重彩的一笔。

图4　温州市永嘉县岩头镇芙蓉村

（二）坚持保护第一，夯实工作基础

1. 开展调查建档，摸清资源底数

2012年起，根据国家和省委、省政府统一部署，省住房和城乡建设厅、省农办、省文物局等部门组织开展了多轮历史文化村落调查摸底工作，并分别在江山市、兰溪市、建德市和台州市黄岩区等地召开全省历史文化村落保护利用现场会，明确项目推进的路线图、时间表和目标值。按照全面、准确、真实的原则和"一村一档"工作要求，在经过系统调查后，确定2559个历史文化村落保护利用名单，建立了重点村保护利用项目数据库（图5）。在调查

登记基础上，积极申报中国传统村落，第四批我省有 225 个村落列入，数量居全国第一；后期申报的 234 个村落已经通过第五批中国传统村落名录公示，五批相加共计 635 个，总量居全国第四。其中丽水市松阳县前四批 71 个村落列入中国传统村落，被建设部列为仅有的两个"中国传统村落保护利用示范县"之一。为完善分级保护梯队，2017 年我省还组织开展了省级传统村落认定工作，公布了首批 636 个省级传统村落；此外，金华等市开展了市级传统村落认定工作，初步建立了"国家—省—地方"三级组成的传统村落名录保护体系。

图 5   开展古建筑资源调查

2. 探索多元模式，加大资金保障

经过探索和实践，浙江省建立了政府投入主导、农村集体和农民投入相结合、社会力量积极支持的多元化投入机制，积极争取中央资金补助、省级财政设立专项资金、市级财政配套补助、县级财政纳入年度预算，真金白银投入。据统计，全省共有 329 个中国传统村落获得中央资金补助，每个村补助 300 万元，计 9.87 亿元；从 2012 年起，省财政每年安排美丽宜居示范村专项资金 3 亿元，每个村补助 200 万元左右；近 15 年来浙江省整合农村水利、农村危房改造、农村环境综合整治等各类资金，各级财政累计投入村庄整治和美丽乡村建设的资金超过 1800 亿元。除各级财政大力支持外，各地在实践中还积极探索政府、集体、社会、村民等多方参与或主导的多元保护机制。近年来，松阳县通过开展"传统民居改造利用""拯救老屋"行动，金华市寺平村通过"村集体与村民的互动"，桐庐深奥村、戴家山村等通过社会资本的引入，使传统村落得到了更多方面的关注和支持（图6）。

图6　丽水市松阳县三都乡酉田村

3. 开展保护修缮，加强项目实施

近年来，有序开展历史文化村落保护利用工程。目前全省已经启动开展了八批共347个重点村、1700个一般村的历史文化村落保护利用项目，其中前五批215个重点村和1082个一般村已完成项目并通过省级验收，第六、第七批89个重点村和402个一般村已全面开展工程施工，第八批43个重点村和217个一般村正在项目规划编制中。在村落单点保护的基础上，浙江省还积极推进国保省保集中成片传统村落整体保护利用工作，建德市新叶村、永嘉县芙蓉村、诸暨市斯宅村3个传统村落列入国家文物局首批传统村落保护利用实施项目名单。同时，着力推进历史建筑和环境要素保护修缮。本体保护中，全省前四批重点村累计完成古建筑修复项目中立面改造4224幢、墙体加固3587幢、顶瓦修复5356幢、构建修复3588幢、易地搬迁保护54幢。

环境要素保护中，全省前四批重点村累计完成立面改造 6231 幢、结构降层 261 幢、整体拆除面积累计达 47.32 万平方米、村内古道修复与改造累计达 338.15 公里，此外扎实推进公共设施配套和"三线"整治工作（图 7）。

图 7　完成修缮后良性运营（丽水市松阳县三都乡毛源村 11 号民宿——青峰远映）

（三）坚持合理利用，创新活化举措

1. 坚持民生导向，寻求发展合力

坚持新发展理念，首先始终坚持以绿色发展理念为基础。浙江省通过深入学习和广泛宣传教育，让"绿水青山就是金山银山"理念深入人心，成为推进"千万工程"的自觉行动，把可持续发展、绿色发展理念贯穿传统村

落保护利用、改善农村人居环境的全过程，扎实持续推进污水、垃圾、厕所"三大革命"，改善农村人居环境；大力发展绿色产业，增加农民收入。其次，坚持共享理念，以改善民生福祉为出发点和落脚点。传统村落的保护利用工作涉及村居本体修缮、周边环境整治、基础配套设施完善、合理适度利用等方面，都涉及村民的切身利益，浙江省坚持把群众需求置于第一位置，从规划到实施再到活化利用，始终贯穿改善民生福祉的理念，实现了从"千万工程"到美丽乡村、再到美丽乡村升级版的跃迁，切实增加了村落居民的获得感。再次，坚持系统治理，久久为功。浙江省坚持一张蓝图绘到底，坚决克服短期行为，推进传统村落保护利用工作建管并重，实现硬件与软件建设同步进行、建设与管护同步考虑，同步抓实加强公共基础设施建设和建立长效管护机制。最后，坚持开放创新，积极调动村民主体和市场主体力量。浙江省通过探索，建立了"政府主导、农民主体、部门配合、社会资助、企业参与、市场运作"的建设机制，调动引导社会各界关心支持农村发展，形成了全社会共同参与推动村落保护发展的大格局。

2. 创新联动机制，谋求跨界赋能

浙江省在传统村落保护利用实践中，探索建立了多套创新联动机制，引入多方力量促进保护利用工作高品质、高效能发展。首先，完善专业技术咨询保障机制。在《浙江省传统村落保护发展技术指南》《浙江省传统建筑认定标准》等规范标准的指引下，浙江省村镇建设研究会成立了由规划、建筑、园林、文化、文物等专家组成的专家委员会，为传统村落保护提供决策咨询和实践指导。此外，结合小城镇环境综合整治，全省已实现驻镇规划师全覆盖，能够满足对传统村落保护发展进行就地服务和指导。其次，建立传统建筑工匠参与制度。浙江省积极推动优秀传统建筑技艺挖掘与传承，规范建筑工匠行业管理。省级层面出台了《浙江省农村建筑工匠管理办法》，将传统工艺作为建筑工匠培训的重要内容，地方层面开展了有益探索，如台州市立法明确了未采取招标方式的维护修缮项目，可由传统建筑工匠施工，各级政府和部门要为传统工匠参与维护修缮提供便利，不得设置排斥或者限制条件。再次，探索建立"校地合作"长效机制。同济大学、浙江工业大学在台州市黄岩区半山村、乌岩头村等传统村落设立工作站，和台州市签订校地合作协议，试图通过以村为单位整体打包项目开展保护利用，探求校地共赢的长期合作模式。最后，探索建立大宣传格局。传统村落保护利用工作涉及面广，需要利用各种媒体资源以及通过活动、论坛、展览、书籍等形成立体式、全方位舆论宣传。2015年、

2016年浙江省先后举办了首届"中国传统村落保护研讨会"和"中国传统村落保护发展研讨会";2016年、2018年先后编辑出版了《留住乡愁——中国传统村落浙江图经》第一卷和第二卷,全景式展现了浙江传统村落的基本情况;此外,2019年11月10~14日,由联合国人居署主办的"第一届城乡联系国际论坛——乡村振兴:创新发展与价值提升"在浙江松阳召开,"浙江方案"和"浙江智慧"正持续影响全国、影响世界(图8)。

图8　由联合国人居署主办的"第一届城乡联系国际论坛——乡村振兴:创新发展与价值提升"在浙江松阳召开(松阳县文广旅体局供图)

3. 打通活化路径,追求有效利用

一方面,保护有形资源,依托优美的生态环境和历史文化遗存等基础,在全力做好保护工作的同时,积极探索以用促保,用保互促,推动历史文化村落建设成果向活化运用成果转化,美丽村落向美丽经济发展。通过以文塑旅、以旅彰文,探索以旅促业,大力开发农业观光游、自然山水游、风情体验游、历史追溯游、红色教育游、休闲康养游等旅游产品;探索引导特色工商资本入驻和特色产业发展,不断壮大村集体经济和丰富乡村经济类型,积极利用条件成熟的建筑植入民宿、书店、文创、研学等新业态,逐步从"政府主导"到"自身造血"。另一方面,注重对无形的文化资源梳理和活化利用。秉承习近平总书记在2013年中央农村工作会议上"乡土文化的根不能断，农村不能成为荒芜的农村、留守的农村和记忆中的故园"的重要讲话精神，浙江省通过保护村落文化，梳理出 745 项非遗名录，并持续开展民俗传承、文化节庆等活动，如畲族"三月三"、缙云"黄帝祭典"和柯城"九华立春祭"等，对地方经济社会发展起到积极的推动作用。此外，通过开展"千村档案"整理和编撰《千村故事》，一批反映村落风土人情的档案文献、资料数据等得以抢救、保护和留存。

三、存在问题与建议

浙江经济发展迅速、土地资源紧缺、农村人口密集，传统村落保护利用在资金、用地、技术、宣传等方面依旧存在不少问题，在形成工作合力、实现长效管控、促进村落自我造血等工作上也还需要做更为深入的努力。反思这些年的传统村落保护实践成果和不足，尤其是在当前努力推进高质量共同富裕示范区建设的时代背景下，我们提出以下建议：

（一）不断完善联动工作机制

坚持一把手负责制，进一步加强发改、财政、住建、文物、农业农村、自然资源、水利、环保、林业等部门协调联动，形成合力，共同做好历史文化（传统）村落保护发展工作。同时，建议形成科学长效的传统村落保护利用考评督查体系，列入对政府综合考核内容，实现以督查促进工作提质。

（二）扎实开展保护各项工作

保护是基础前提，也是第一要务，要在保护理念、工作机制、技术手段等各方面积极探索，深入研究。将传统村落保护工作与乡村振兴、美丽宜居示范村建设、美丽城镇建设、农村住房建设试点、大遗址保护等工作更加有机地结合起来，进一步创新和完善传统村落保护的各项体制机制；同时，切实抓好传统村落文物建筑、传统建筑的保护和修缮工作，探索更科学有效的修缮材料和技术，使保护修缮真正落地有效；此外，坚持古建保护和人居环境及基础设施改善等相统筹，提升村落整体环境和景观风貌。

（三）实施特色产业培育行动

在严格保护的前提下，充分发挥传统村落的资源禀赋优势，大力扶持发展符合传统村落保护要求的特色产业。结合实施传统建筑改造利用项目，促进发展乡村旅游、乡村民宿等相关产业；充分利用互联网、物联网等现代技术，形成"互联网 + 传统村落"的产业发展新态势，通过电商销售推广，不断提高村民和集体经济收入，不断激发传统村落的生机与活力。

贯彻新发展理念，推动山东文物安全防范高质量发展

山东省文化和旅游厅（省文物局） 周　成　赵　敏　郭　静

摘　要：文物安全事关文化遗产保护传承，事关国家文化安全。做好新时代文物安全防范工作，要贯彻新发展理念，把文物安全融入文物事业发展目标、融入文物保护利用全过程。山东省积极开展探索实践，坚持创新发展理念，健全文物安全政策体系；坚持协调发展理念，筑牢文物安全责任体系；坚持绿色发展理念，探索文物安全融入生态建设新途径；坚持开放发展理念，为文物对外交流合作保驾护航；坚持共享发展理念，构建共建共治共享工作格局。各地强化"全链条"管理，推进"全覆盖"落地，推动文物安全形势稳定向好发展。

关键词：文物安全　文物执法　安全科技创新　防灾减灾体系建设

　　文物安全是文物保护的红线、底线和生命线，事关文化遗产保护传承，事关国家文化安全。山东文物资源丰厚，有不可移动文物3.35万处，其中世界文化遗产4处，全国重点文物保护单位226处，省级文物保护单位1968处，市县级文物保护单位1万余处；国有可移动文物286万余件/套。守护好这些珍贵文化遗产，责任重大、使命光荣。党的十八大以来，山东省认真贯彻习近平总书记关于文物安全的重要指示批示精神，贯彻落实创新、协调、绿色、开放、共享的新发展理念，强化"全链条"管理，推进"全覆盖"落地，打防并举，标本兼治，推动文物安全形势稳定向好发展。

一、践行新发展理念，着力构建文物安全发展新格局

（一）坚持创新发展理念，健全文物安全政策体系

确保文物安全，科学定位是前提。山东省委、省政府牢固树立安全发

展、大安全理念，把文物安全融入文物事业发展目标，始终摆在重要位置。省委、省政府印发《关于加强文物保护利用改革的实施方案》《关于进一步加强文物保护利用工作的若干措施》等文件，召开全省文物工作会议、全省文化遗产保护传承座谈会（图1）。省人大常委会出台《山东省红色文化保护传承条例》《山东省齐长城保护条例》。省政府召开文物安全工作会议，印发《关于进一步加强文物安全工作的实施意见》。守正创新，提出实招、硬招、新招，一是建立健全文物安全长效机制。将文物安全工作列入地方党政领导班子和领导干部政绩综合评价体系，列入纪检监察机关监督检查、巡视巡察内容，列入省政府安全工作考核指标。二是强化不可移动文物保护机制。对历史文化遗产及其整体环境实施严格保护和管控，在国土空间总体规划中统筹划定历史文化保护线，并纳入国土空间规划"一张图"。建立"先考古、后出让"制度，全省16市政府全部出台了相关政策文件。三是加强工程建设考古工作。省文化和旅游厅（省文物局）印发《关于加强工程建设考古调查勘探工作的意见》等5个文件，强化考古管理，公布10家市级文物事业单位为首批考古调查勘探单位，确认一批考古勘探项目负责人，为"放管服"改革中工程建设考古工作提供了制度保障和技术支撑。

图1　山东省委、省政府先后召开全省文物工作会议、全省文化遗产保护传承座谈会，印发《关于进一步加强文物保护利用工作的若干措施》等文件，推出深化文物保护利用改革、强化文物安全机制的政策措施。图为2024年3月，全省文化遗产保护传承座谈会会场

（二）坚持协调发展理念，筑牢文物安全责任体系

确保文物安全，落实责任是关键。山东省把文物安全融入经济社会和文物事业高质量发展目标，抓好统筹协调，压实责任链条（图2）。一是统筹文物安全与经济社会发展。文物保护利用工作纳入了省、市国民经济和社会发展规划，文物保护单位保护范围和建设控制地带内进行建设工程依法履行批准手续。各级政府成立文物保护委员会，统筹协调文物保护和文物安全工作。二是统筹文物安全与大安全体系。构建多部门联合工作机制，与省公安厅建立工作机制，打击防范文物犯罪；会同省自然资源厅在国土空间规划编制和实施中加强历史文化遗产保护管理；与省住房城乡建设厅加强历史文化名城、镇村、街区的文物保护管理。各部门主动配合、工作联动，如省委组织部将文物工作纳入全省高质量发展综合绩效赋分考核，省农业农村厅将重大文物安全事件纳入乡村振兴战略实绩考核负面清单，省消防救援总队开展文物消防安全隐患排查整治。三是统筹文物安全与文物保护利用。"四策"并举推动安全发展，构建省、市、县三级联动责任体系，推动责任落实"零盲

图2　2023年9月，山东省文物保护利用专题研讨班举办，16市政府分管副市长、市文化和旅游局局长、省文物保护委员会成员单位分管负责人等参加研讨

区"；健全贯通联动的项目审批制度，推动文物风险项目"零准入"；推进综合行政执法改革、健全文物执法监督体系，推动执法监管"零容忍"；开展有的放矢的专项行动，推动排查整治"零疏漏"。省文物局制定了《文物行政执法巡查工作制度》等制度，在全省开展文物法人违法整治、火灾隐患整治和消防能力提升行动。2021 年，开展了全省文物安全百日攻坚集中行动、齐长城保护专项行动。

（三）坚持绿色发展理念，探索文物安全融入生态建设新途径

加强文物保护、确保文物安全，要敬畏历史、敬畏文化、敬畏生态。山东省正确处理文物保护与生态保护、文物安全与生态安全的关系，在加强文物本体保护的同时，统筹优化区域生态环境，丰富城乡文化内涵，提高文物领域节能降碳水平，助推美丽中国建设（图 3）。一是在齐长城、大运河、黄河国家文化公园建设规划中合理划定"管控保护区"，做到文物保护规划与生态保护等规划"多规合一"。统筹文物保护与生态保护区、旅游景区建设，在保持文物原真性、延续性的同时，促进文化遗产与生态环境和谐共生。2021 年 11 月，创新实施齐长城 260 个点段的安全管理，根据人类生产生活活动对文物的影响进行安全风险等级评估，按照影响程度划分为"红段""黄段""绿段"三个类型，确定"红段"42 处、"黄段"77

图 3　山东省人大常委会调研组在齐长城遗址开展《山东省齐长城保护条例》立法调研

处、"绿段" 141 处，按照风险类型在人防、技防、物防上分类管理，实施卫星遥感监测，得到国家文物局充分肯定。二是对文物资源丰厚、具有鲜明特色的区域实行整体性保护，维护和培育文化生态。实施"七区四带"片区保护和重点项目带动，形成整体保护、协同推进、布局合理的保护格局。公布第一批 10 个山东省文物保护利用示范区创建名单，在示范区遴选创建中实行文物安全"一票否决"。三是坚持绿色环保理念，推行文物保护项目绿色施工。在保存文物丰富、老旧建筑集中的地区，在齐长城、大运河等土遗址保护中，统筹好抢救性保护和预防性保护，坚决杜绝大拆大建、拆真建假。在曲阜"三孔"、泰山等古建筑及彩绘保护修复工程中，采用传统工艺，推广应用绿色建材。在考古勘探发掘项目中，加强环保施工管理，注重遗址、工地与周边环境的和谐。四是在安全工程中实行节约优先、绿色转型。通过实施"文物安全天网工程"，开展齐长城、大运河卫星遥感监测，引进采用先进监控技术装备等科技手段，减少资源消耗，节省人力投入。

（四）坚持开放发展理念，为文物对外交流合作保驾护航

推动文物活起来，扩大中华文化国际影响力，文物安全是保障。山东省在文物对外交流合作中，多措并举加强文物安全，推进实现合作共赢（图4）。一是统筹规划文物外展，确保文物安全。打造了孔子文物展、青州龙兴寺佛教造像精品展等多个外展品牌，全省各级在日本、韩国、美国、俄罗斯、德国、法国等国家和中国香港、台湾等地区举办文物外展 53 个，展览文物总数 1100 件 / 套。配合外交外事、经济和文化活动，在活动周、友好城市交往、博览会、文化节和庆典活动等平台上，举办文物交流活动。为办好外展，一方面加强创意策划，打造精品展览；另一方面严格按照文物级别等要求确定外展文物，通过签订安全协议、办理保险等提供安全保障，确保文物在运输、出入境、展览全过程万无一失。二是在交流合作中提升文物安全水平。山东文物部门和文博单位与境内外六家文博机构签署了合作交流框架协议和备忘录，与美国、日本、韩国、瑞士、以色列等国家的文物考古单位建立了合作关系。如省文物考古研究院、山东大学与美国哥伦比亚大学开展"早期城市和经济：帝国兴起前山东半岛城市化"课题研究，与以色列希伯来大学联合实施弥河流域考古调查项目；省文物考古研究院与日本奈良县考古学研究所联合开展中日汉代镜范和铜镜研究。通过交流合作和课题研究，在保护理念、考古、安全保护、文物装备等方面交流互鉴、取长补短，丰

图4　2020年12月，山东省实施文物安全百日攻坚行动，集中开展文物安全大检查、违
法违规大整治、能力素质大提升、工作作风大转变工作

富了对外交流的内涵和途径。三是会同海关完善文物进出境风险联合防控、协同管理机制，在风险布控、日常监管、执法合作、文物鉴定等方面密切协作。

（五）坚持共享发展理念，构建共建共治共享工作格局

文物安全是民生工程、民心工程。山东省始终坚持以人民为中心的发展思想，着眼推动文物保护利用、让文物活起来，为满足人民日益增长的美好生活需要提供良好的文物安全保障。一是把民生导向作为大遗址保护、文物保护单位保护的根本导向。用"四好"标准即"文物本体保护好、周边环境整治好、经济社会发展好、群众生活改善好"，组织实施全省文物保护重点工程。大运河保护工程、"三孔""三孟"、泰山古建筑维修、蓬莱阁、刘公岛等重点工程，国家、省级考古遗址公园建设成效显著，省级以上文物保护单位对外开放1180处、建成景区620处，成为文物保护成果全民共享、推动当地经济社会发展的重要推动力。二是确保博物馆和馆藏文物安全。目前山东省注册各类博物馆821家，文物安全、消防安全、人员安全责任重大。实施博物馆、文物库房、展览场所安全直接责任人公告公示制度，强化责任到人和末端守护，提升隐患排查、整治和防控能力。以博物馆定级评估、精品展览评选为抓手，实施安全风险等级管理，加强安全防护设施、各类服务设施的建设和维护。三是引导社会力量参与文物安全监管。会同省人力资源社会保障厅，创新设置 2600 个文物巡护公益性岗位，实现省级以上文保单位全覆盖。鼓励社会力量积极参与志愿服务，山东博物馆注册志愿者 2188 人。各级文物部门还通过政府购买服务等方式，委托第三方专业机构开展文博单位安全评估和隐患排查。四是建设文物共享平台。会同自然资源部门建立文物保护单位保护区划信息平台。建设"文物山东"云展馆，整合省级以上文物保护单位、重要考古发现、馆藏文物数字化信息，建立文物保护利用数字化展示利用平台并对社会开放。

二、文物安全存在的问题

（一）文物安全发展意识亟待加强

一些地方政治站位不高，没有正确处理历史与当代、保护与利用、传统与创新、资源与环境的关系，重经济发展轻文物保护、重发展轻安全的思想仍然比较突出，致使损毁文物的事件时有发生。近年来，临淄区方正康悦城幼儿园建设工地违法发掘古墓葬，枣庄市庄里水库建设过程中严重损毁文物，兰陵县省级文保单位金山汉墓群保护范围内违法施工等案件，教训十分深刻。

（二）文物安全形势依然严峻

文物法人违法、文物犯罪活动、文物消防安全隐患，仍是影响文物安全的三大风险。文物法人违法问题仍然较为突出，2012 年以来，全省各级查处文物行政违法案件 503 起，其中法人违法案件 436 起；破获文物犯罪案件 268 起，抓获犯罪嫌疑人 1133 名，追缴涉案文物 1486 件。文物消防安全方面，存在消防责任不落实，电气火灾隐患突出，不按规定运行、维护、更新消防设施设备等问题。

（三）文物安全责任落实不到位

有的地方文物保护机构、队伍不健全，文物安全督察考核机制没有真正落实。有的地方重大规划、重大项目没有依法依规征求文物部门意见，建设工程的文物保护审批制度没有完全落实到位。个别地方对文物安全监管不力，有法不依、执法不严、违法不究情况仍有发生，有的地方甚至存在"管理单位隐瞒不报、主管部门毫不知情"的现象，反映出责任不落实、措施不到位、监管有漏洞等问题。

（四）市县级、未定级文物的安全管理亟待加强

六年来文物违法违规案件多为市县级文物保护单位、未定级文物类违法违规案件。存在问题的根源，一是这些文物大多位于农村、田野、山区甚至是悬崖峭壁和江河湖海，对文物安全管理的专业性和投入成本提出较高要求。二是这类文物保护级别低、社会关注度小，一些地方在城镇化和基本建设进程中盲目拆建、过度开发，给低级别文物尤其是未定级文物造成破坏。三是市、县财政投入虽然有所增加，但总体上投入严重不足。由于文物保护单位是按保护级别分级管理、资金分级使用，县级文物保护单位、未定级文物数量众多，保护资金捉襟见肘。四是市县考古、古建筑修缮、文物执法等专业技术人员匮乏，与之相对应的是文物保护任务日益繁重，导致管理不到位、安全问题多发。

三、加强文物安全防范工作的思路

（一）严密责任体系

推动各级加强对文物安全工作的组织领导，完善党委领导、政府负责、部门协同、社会参与的工作格局。一是推动各级党委和政府依法承担起文物安全属地管理主体责任。建立完善工作协调机制，统筹解决协调配合、责任机构、经费保障等问题，严格落实文物安全工作纳入相关考核评价体系、问责追责制度，不断强化文物保护法律法规宣传普及，全面筑牢文物安全防线。加强各级文物机构队伍建设，2022年省委编办决定为省直文博单位增加103个编制，为文物大市、文物大县考古机构下沉编制210个，要求有关市、县相应配套增加。二是落实部门监管责任。组织各级文物主管部门坚持做到管行业必须管安全、管业务必须管安全的原则，牵头抓好文物安全隐患排查，加强文物行政执法，严惩法人违法行为。发挥各级文物保护委员会作用，协调有关部门依法履行相应法定责任，加强沟通、协同配合、多方发力。三是在市县建立安全管理体系。推广淄博市经验，建立市、县（市、区）、乡镇（街道）、村（社区）、网格化文物保护员"五级责任"和"五级巡查"层级管理体系，形成一级抓一级、层层抓落实的工作格局（图5）。四是深入开展文物安全直接责任人公告公示。全省文物部门管理的文物博物馆单位已完成公告公示牌设置。

图 5　淄博市文物安全网格化智慧监管平台

（二）加强文物法治建设

一是健全法律法规。配合省人大常委会开展文物保护"一法一条例"执法检查，开展《山东省文物保护条例》修订前期工作。推动各市文物法规和规范性文件建设，做好立改废释工作。二是强化市县监管力量。省委编办要求各级文物主管部门或跨领域跨部门综合执法机构切实履行文物行政处罚权、行政检查权、行政强制权，配齐配强专业执法人员，确保文物执法职责有效履行（图 6）。文物安全形势严峻、文物点多面广，或者有重要文物保护单位的地方，由公安部门研究设立专门的警务工作机构。三是持续开展文物安全专项行动。强化督察问责，落实省级文物部门对全省文物安全督查、通报、约谈等制度，每年对各市文物安全工作情况进行一次督察。

（三）建立社会力量参与机制

一是加强公益性岗位文物保护员队伍建设。二是多形式开展文物安全宣传教育。山东已将学习宣传文物保护法律法规纳入"八五"干部普法教育规划，将文物保护利用知识纳入中小学教育体系，鼓励高等学校、技工院校、中等专业学校等开设文物保护利用公共课程和选修课程。下步将实施文物全媒体传播计划，开展形式多样的文物保护利用方针政策、典型经验和资源推介宣传。三是积极引导社会力量参与文物保护和安全监管。鼓励社会力量以认领的方式，自愿投入资金修缮保护、管理使用市县两级文物保护单位和未核定公布为文物保护单位的不可移动文物。鼓励依法通过流转、征收等方式取得属于文物建筑的农民房屋及其宅基地使用权，统一保护开发利用。

图6 山东省强化市县监管力量，配齐配强专业执法人员，确保文物执法职责有效履行。图为文物执法人员现场执法

（四）推进安全科技创新

没有专门管理机构的古遗址、古墓葬、古建筑、石窟寺及石刻等文物保护单位，大多散落在乡间田野，完全靠人工巡查费时费力，且难以做到实时、全覆盖。下一步将传统方式与现代技术相结合，运用科技智慧手段实施主动监测，将"事后处理"转变为"实时监督""事前预防"。一是深入推进文物安全监测平台建设，实现远程、集中、实时监控和高效巡查监管全覆盖（图7）。二是会同自然资源部门开展齐长城、大运河遗产卫星遥感监测工作，定期实施全面图斑监测核查工作，并对确认的违法工程建设和文物破坏行为

依法处置。三是以"山东省文物保护考古中心"建成并投入使用为契机，提升省直文博单位的专业装备水平和科研能力。搭建跨部门、跨地区协同创新平台，建设重点科研基地，重点开展文物保护关键技术攻关项目，推动文物保护与现代科技、信息技术融合创新（图8）。

图7　山东省建设文物安全监测平台，推进实现省级以上文物保护单位远程、集中、实时监控和高效巡查监管全覆盖。图为日照市"文物安全天网工程"监控室

图8　2022年3月，山东省文物保护考古中心建成并投入使用

四、建议

（一）多措并举提升文物防火防灾能力

近年来国内外发生的文物安全突发事件表明，火灾、地震、洪水等是

危害文物安全的重要因素。建议坚持问题导向，加强监测预警、防火防灾能力和综合体系建设。一是推动各级政府将文物安全纳入防灾减灾体系。推进应急管理与社会治理、公共服务、网格化管理等有机结合，确保文物、应急管理、水利、自然资源、科技、气象各部门分工协作，高效应对文物各类风险，提升灾害风险预判、系统防控、应急处置能力。二是针对人防队伍和经费投入的瓶颈，加大对文物安全科技创新的支持力度。在田野文物、线性文化遗产安全管理中推行卫星遥感监测、无人机、网络监控平台等科技手段，在文物保护单位安全防控中推广热成像、觅光者、地音探测、电器线路保护等技术装备的运用，对安全隐患"早发现、早制止、早处理"。

（二）建立健全文物安全舆情监控机制

随着文物保护日益受到社会关注，各类媒体、网络发声、民众热线等成为发现文物安全事件的主渠道。要做到及时发现问题、回应关切诉求、高效研判处理，亟待强化文物系统舆情监控机制，包括大数据舆情监测、快速报告、研判、快速核查、信息发布、舆论疏导等机制。当前，市县级在舆情监测等方面因人力财力因素影响还十分薄弱，查核过程中对于事实不符或出入较大，尤其是恶意造谣、扰乱正常工作的，还缺乏行政法律手段应对处理。建议建立上下协调统一的工作机制，完善相关制度规定，加强人员培训，强化各级文物主管部门舆情监控应对能力。

（三）完善"先考古、后出让"机制和相关配套措施

建议加强顶层设计，进一步明确工程建设考古工作实施主体、科学界定工作经费性质，修改完善考古取费标准等方面的内容，以顺利推进国有建设用地考古前置和建设工程考古工作，确保地下文物资源安全。

（四）加大文物对外交流合作工作资金支持

文物外展经费包括保险、安保、运输、办展等费用。目前大多数地方财政没设文物外展经费，办展经费往往通过馆与馆之间互换展览互免经费，或外方投入解决。这一状况，形成了举办展览到发达国家居多、赴发展中国家较少的局面，单靠外方投入也容易造成我方主动权和话语权的缺失，对外展文物也带来安全隐患。建议加强国家层面对文物对外交流合作的统筹协调，在国家文物保护专项补助经费中设立"文物对外交流合作"项目资金，在资金、技术、审批等方面支持各地开展文物对外交流活动。

重庆市文物安全管理科技创新的
经验、问题与建议

重庆市文物局　周敢寿　重庆市文物考古研究院　吴　广

摘　要：规划政策背景和2021年国家文物局要求文物领域贯彻新发展理念的相关通知，均表明文物保护工作面临新形势下的新挑战，其中科技创新是趋势亦是必然。本文介绍了重庆文物局安全管理科技的相关先进做法，如通过加强顶层设计，不断强化科技创新驱动，以科技赋能管理，强化平台建设等，但其做法仍存在薄弱和不足之处，体现在基础建设、资源整合和先进技术的运用局限中，为此笔者提出了通过大数据推动智能化升级、设立文物保护示范点、以点带面寻求示范效应和管理突破、建立统一平台打破信息壁垒等若干建议，意在为文物保护的科技创新提供一定经验借鉴。

关键词：文物安全　科技创新　监管监测

重庆是中国历史文化名城，历史悠久，文物资源丰富。据统计，全市现有不可移动文物25908处，其中全国重点文物保护单位64处、市级文物保护单位372处、区县级文物保护单位1999处；大足石刻列入世界文化遗产名录，涪陵白鹤梁题刻、合川钓鱼城遗址列入申遗预备名单。登记备案博物馆112家，其中一级博物馆5家，二级博物馆7家，三级博物馆12家；登录可移动文物1482489件，其中珍贵文物42172件。另有中国历史文化名镇23个、市级历史文化名镇54个。

近年来，随着重庆市深入贯彻习近平总书记有关文物保护和文物安全系列指示精神，进一步落实《国务院办公厅关于进一步加强文物安全工作的实施意见》中"强化科技支撑，提高防护能力"要求，文物安全管理科技创新能力不断增强，初步形成了文物安全业务与科技融合、数据与决策融合、管理与服务融合、机制与效能融合的新发展格局，多层次提升了重庆市文物安全智能化信息化管理水平。

一、文物安全管理科技创新的经验与做法

在文物安全管理中，重庆市通过加强顶层设计、建设智能化平台、探索机制创新等，不断凸显科技引领作用。

（一）加强顶层设计，强化创新驱动

作为文物资源较为丰富的地区之一，重庆市委、市政府对文物工作高度重视，注重从顶层设计出发，强化文物安全工作中科技创新驱动。这是重庆市文物保护科技化水平较高的重要因素之一。

1. 文物安全共识不断深化

近年来，重庆市委、市政府高度重视文物安全工作，通过多部门联动强化文物保护工作。2021 年，重庆市建立了由分管副市长担任召集人、13 个市级有关部门为成员的文物安全工作联席会议制度，加强对文物安全工作的组织领导。2020 年 4 月，重庆市人民检察院印发了《重庆市人民检察院关于拓展公益诉讼案件范围的指导意见（试行）》，要求全市检察机关积极稳妥办理文化遗产保护领域公益诉讼案件。同年 7 月，重庆市人民检察院与重庆市文化旅游委（重庆市文物局）签署《文化遗产领域检察公益诉讼协作协议》，规定双方应建立对口联系、信息通报、线索移送、联合开展专项行动、双出现场、办案协作、专业支持、诉前沟通和依法起诉应诉、人才交流和联合宣传等九项协作机制，明确将文化遗产保护纳入公益诉讼案件范围。同时，重庆市文化旅游委（重庆市文物局）聘请 6 名检察官担任特邀文物保护专员，重庆市检察院聘请 6 名文物工作者担任特邀检察官助理，为开展文化遗产领域检察公益诉讼保驾护航。

2. 科技创新引领作用不断增强

2019 年 11 月，重庆市委办公厅、市政府办公厅印发《关于加强文物保护利用改革的实施意见》，提出强化科技引领支撑，加快国家文物保护装备产业基地（重庆）建设，大力发展文物保护装备产业。此后，市政府办公厅又先后出台《重庆市加强石窟寺保护利用工作方案》等一系列文件，多次强调"发挥科技支撑和引领作用"。

为贯彻落实市委、市政府相关文件精神，将创新作为引领发展的第一动力，深入实施以大数据智能化为引领的创新驱动发展战略行动计划，重庆市文物局积极探索文物安全监管平台建设，利用智能化信息技术，结合手机

App 软件，建成了便于开展日常巡查检查的重庆市文物安全巡查平台。并充分运用互联网、大数据、云计算、人工智能等信息技术，依托重庆文旅广电云平台，建成集文物资源库、巡查检查、远程监管、督察督办、统计分析等于一体的重庆市文物安全巡查督察系统，基本达到了"加强信息平台建设，建立覆盖全国重点文物保护单位和世界文化遗产地的监控系统，实现远程监管、消防物联网监控和文物安全监管人员智能巡检，建设完善文物安全监管平台"的要求（图1）。

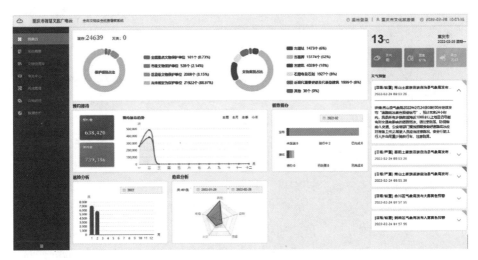

图 1　重庆市文物安全巡查督察系统

（二）科技赋能管理，强化平台建设

以数字化赋能文物管理，重庆市不断加强基于大数据和数字智能科技的文物管理平台的构建与完善。

1. 文物数字化赋能文物管理

基于政务云平台，建立全市不可移动文物资源库，内容涵盖文物的基础信息、空间信息、四有数据、三防设备、两线范围、监控视频、旅游接待、安全风险、安全隐患、执法案件等多类数据，形成文物画像。利用 Elastic Search，建立全市不可移动文物资源库的分布式搜索引擎，为各级文物主管部门提供实时、稳定可靠的信息服务。利用在线图商 GIS 服务，结合天气数据以及市内长江、嘉陵江、乌江和涪江四大水系，可视化呈现全市不可移动文物的分布信息和动态数据，指导各级文物管理部门全面了解文物保护现状，并能够针对洪水季、高温季等特定场景，提前研判文物安全风险。通过资源库的建立，全面摸清全市不可移动文物家底，系统掌握不可移动文物的基本情况及其生存状态，为准确判断全市文物保护形势、科学制定文物保护政策和中长期规划提供依据。

2. 创新文物两线数据应用模式

通过文物安全巡查督察系统可将文物的本体范围、保护范围、建设控制地带范围进行数字化，通过地理坐标点配准、空间坐标系转换、位置偏移计算等技术手段，结合地图测距、多图层叠加以及兼容北斗的定位技术，拓展创新文物两线数据的智慧应用，赋能文物巡查和执法工作，解决以往文物保护工作中定点方式烦琐、两线范围识别不清、执法巡查难度大等痛点。2021年已完成20处文物保护单位的两线数字化工作，2022年全面推进全国重点文物保护单位、市级文物保护单位以及部分区县级文物保护单位的两线范围数字化工作。

3. 数字化赋能文物保护工作

通过文物安全巡查督察系统，可根据文物保护等级、文物类别、多级文物管理体系以及巡检任务类型，建立差异化可配置的巡检指标体系和巡检规则，同时基于智能手机应用，实现不可移动文物的日常巡检、专项巡检、执法巡检以及工程巡检等文物保护巡检工作。鉴于文物巡检人员覆盖面广，系统采用小程序实现，有效避免了手机品牌型号、操作系统及版本差异带来的应用层问题。在巡检体系中，根据自动记录的巡检人员、位置、时间数据，能够自动生成巡检轨迹。系统上线以来，全市累计完成文物巡检45300余次，日均巡检400余次，累计发现隐患项近5700条，较好地解决了巡查检查不落实、隐患整改不到位、日常管理不严格等问题，全面提升了文物安全管理水平。

4. 完善智慧文物闭环管理体系

文物安全巡查督察系统采用工作流引擎，建立覆盖各级文物职能管理部门的督查督办功能，涵盖事务发布、催办、处理、完结的全过程，通过时间轴形式呈现每项督促工作的进行情况，包括进度节点的处理部门、处理人员、处理结果等，实时掌握督察工作进度，落实各级文物保护责任。

5. 践行文旅融合数字化理念

在汇总文物行业业务数据的基础上，融合来自智慧文旅广电云平台的游客接待、实时监控等多源异构数据，实现对部分文物保护单位的数据拓展，全方位了解相关文物保护单位的信息，科学化支撑对文物保护单位的巡查和监管。

6. 应用大数据提升保护水平

以重庆市智慧文旅广电云的文旅大数据中心为底座，建立不可移动文物大数据库，通过数据的采集，诸如革命文物、抗战文物等标签体系的数据治理，采用 Spark 计算引擎，为各级文物主管部门，提供全市不可移动文物多维度数据查询、多类标签、巡检完成目标及进度、隐患类别分析、安全隐患分布、巡检人员分析等数据分析，以及特殊场景下文物安全隐患研判等数据应用，增强文物安全处理能力。

（三）创新保护机制，提升合力效能

1. 文物科技创新的关键在于机制创新的强力保障

重庆市坚持市局统筹、分级管理、部门协作，创新改革文物保护工作机制，为贯彻新发展理念和创建数字智能化体系搭台。重庆市文物安全管理信息化、智能化体系建设由文物职能部门发挥主导作用。因此，重庆市文物安全巡查督察系统建设，由重庆市文物局抓部署、抓落实。在组织工作机制上，表现为两级行政管理模式，市和区县共同参与、协调推进。

压实责任。重庆市文物局要求各管理单位进一步完善文物基础信息，落实专业管理员，检查文物资源库，逐处完善不可移动文物的基础信息、安全责任、四有管理、三防管理等，博物馆的基础信息、安全责任、管理单位信

图 2　全市文物安全培训

息、藏品信息、三防信息等，文物信息要做到应详尽详，以便为文物日常安全管理提供基本保障。

2. 分级管理

重庆市要求各区县文物行政部门落实一名安全管理责任人，负责本行政区内文物安全管理工作；指定一名巡查系统管理员，负责本系统的日常维护和管理，巡查工作的指导监督等；逐处、逐部门、逐岗位落实文博单位的安全巡查员，保证日常安全巡查工作不漏一处、不留死角（图2）。

专业保障。依托重庆市文旅广电云和重庆市文物考古研究院，加强平台运维、数据监测预警、编制文物巡查报告，及时发现问题，加强与统战（民宗）、建设、应急管理、综合执法、消防救援、乡镇等有关部门和单位的联动协作，开展联合实地检查。

二、探索中还存在的难点

尽管重庆市在文物安全管理科技创新方面进行了有益的探索，走在全国前列，但仍存在以下几方面问题：

（一）基础建设还比较薄弱

一是文物监控监测覆盖不全面不及时。大部分全国重点文物保护单位已建设有基本的消防、安防、防雷系统，少部分尚未建设，省市级文物保护单位大多数还没有建立，有些只能依托巡查人员定期巡查保护。二是监控监测指标不全面，石窟寺水害、风化病害，古建筑结构病害等文物本体危害尚未开展有效监测，大部分文保单位没有针对安全隐患要素进行全面监测。这也使得安全问题预判性严重不足，与国家对文物预防性保护的要求不相匹配。往往是火灾、盗窃、垮塌、违建等行为已经发生，对文物安全构成重大威胁后才能有所响应。

（二）平台资源尚未有效整合

重庆市牵头建设的各类平台，不同程度存在着重复建设、系统分散、标准不一、效率较低的问题，且与文物安全相关的消防、安防、防雷系统没有集成到统一的信息化平台，甚至是有些系统仍处于人工监管模式，无法实现统一、有效、可视化的安全管理。而且，重庆市文物安全工作与国家文物局相关平台以及其他行业信息平台的信息交换缺乏统一出入口，致使文物安全监管工作缺乏及时发现问题、快速协调指挥、迅速解决问题的高效方法手段。

（三）先进技术应用不足

当前，重庆市文物安全管理仍存在对新技术的应用成熟度不足、应用程度参差不齐等问题，应加强物联网、大数据、人工智能等新技术应用，为文物安全管理提供先进的技术支撑。如部分地处偏僻的古墓葬、古遗址等地下洞穴类盗墓问题，仅靠视频监控无法满足需求，可引入光纤传感技术加以辅助；自然灾害、环境影响可引入温湿度、生物检测、位移监测等各类物联网技术；安全隐患发现等可引入大数据、人工智能分析技术等。此外，还存在管理模式与技术运用不相匹配等问题。

三、文物安全管理科技创新发展的建议

贯彻新发展理念，加快科技创新，关键在推动科技升级的软硬件建设和与之相匹配的管理组织体系优化上下功夫。

（一）通过运用大数据，推进文物安全监管系统向智能化升级

文物安全监管系统设计和架构必须充分运用信息化技术，实现数据资源整合，通过大数据处理和分析，推进其向智能化转变和升级。在组织架构层面，系统应以大数据资源为导向，推进安全平台全面升级。在现有平台基础上，相关单位围绕文物本体视频监控、文物安全巡查和安全监管信息汇聚共享这三项核心业务，对应设置以文物基础数据库为基础的管理平台，推进升级工作。同时，充分利用文物安全监管系统的数据记录优势，在不断形成的大数据库基础上，加强文物安全研究、保护和监测监管研究工作，为政策更新调整和技术方式创新提供有力支撑和方向性指引。

（二）通过搭建统一的公共管理平台，打通管理壁垒

多部门联动的文物安全管理，虽然能一定程度加大文物资源保护的管理力度和覆盖面，但也存在资源分散、信息分散、多头管理、相互推诿的问题，搭建科技数字平台，为联动高效的管理赋能，实现"互联网+"信息管理；搭建统一的公共管理平台，使管理者获得明晰的管理权限和管理责任，使各部门通过公共管理平台更为高效地配合，在各自所获得的管理权限中，进一步分级厘清管理职能，有效打通信息壁垒和管理屏障，形成统一高效联动的管理体系。此外，应考虑进一步完善文物安全评估机制，建立安全管理的第三方评估、考核机制，确保责任单位将文物保护工作落实到位，出台文物保护评价体系、量化考核指标等，纳入地方政府考核体系。

（三）通过设立文物保护示范点，以点带面推动文物科技进步

在贯彻新发展理念、推动文物科技进步方面，需要强化策划和实践思维，集中人力资源先在小范围内进行技术实践，再行推广，由此既避免过度的人员浪费，又能创造文物保护科技经典案例。特别是在争取国家支持，开展重大文物保护课题研究、实践创新的基础上，以统一规划、物联网建设等手段，在一定区域内先行取得重大突破，再通过以点带面的方式，形成文物保护工作的示范引领效应。要不断创新建设方式，提升资金效用，让有限资金发挥出更大效能。

（四）通过革新科技防控能力，实现文物保护智慧化

科技防控是提高文物保护管理水平的重要手段。比如对文物安全的实时监控、消防安全的物联监测，应逐步实现智能巡检、远程监管、消防物联网监控，推动文物安全防护与现代科技融合创新，提高打击防范文物违法犯罪信息化水平和能力。对于升级文物安全监测系统，要强化高标准严要求，积极向国际领先的文化遗产监测管理和技术要求看齐，切实提高文物安全防范质量和效率。

综上所述，文物保护科技化之路道阻且长，其主要受限于技术运用和发展程度，但只要紧跟时代步伐，围绕增进文物安全管理的质效予以创新，不断探索科技智能视角下的新方式、新平台，文物保护工作中的科技化之路就会愈走愈宽。

贯彻新发展理念，谱写重庆科技考古新华章

重庆市文物考古研究院　白九江　马晓娇　方　刚

摘　要： 创新是新发展理念的首要和核心内容，科技是考古学学科创新的源动力。重庆市文物考古研究院贯彻"科研兴院、人才强院"的发展战略，突出"考古＋科技＋人才"三位一体发展导向，在科技人才队伍、软硬件设施、成果转化等领域强化科技考古基础。过去二十多年，重庆地区在考古勘探测绘、理化检测分析、考古遗产科技保护等领域取得重大进展，同时也存在科技人才队伍单薄、科研课题经费不足、科技考古体系化不够等问题，今后应从强化规划指引、增强前瞻性、突出引领性、夯实基础等方面着力，努力建设全国一流的考古研究和阐释体系。

关键词： 重庆地区　科技考古　三位一体　实践创新

理论是科学研究的基石，是行动的指南。党的十八届五中全会首次提出"创新、协调、绿色、开放、共享"的新发展理念，党的十九大把坚持新发展理念作为新时代坚持和发展中国特色社会主义的基本方略，党的二十大进一步强调必须坚持科技是第一生产力、人才是第一资源、创新是第一动力。创新是新发展理念的首要内容和核心内容，是全面落实五大发展理念的关键，科技则是考古学科创新的源动力。

一、科技助力考古学科建设

对于考古工作和考古事业来说，理论创新、制度创新、科技创新既要统筹协调推进，又要突出科学技术是第一生产力的重要论断。习近平总书记在《建设中国特色中国风格中国气派的考古学　更好认识源远流长博大精深的中华文明》中要求，"考古学界要会同经济、法律、政治、文化、社会、生态、科技、医学等领域研究人员，做好出土文物和遗址的研究阐释工作，把

我国文明起源和发展以及对人类的重大贡献更加清晰、更加全面地呈现出来"。"要运用科学技术提供的新手段新工具，提高考古工作发现和分析能力，提高历史文化遗产保护能力"。强化考古学界的跨行业合作，其中一个重要目的就是要促进考古学的多学科交叉、多学科协作，进一步提升考古勘查、发掘、研究能力，拓展考古遗产的保护、展示、利用能力，更好地、更科学地、更生动地讲述中国故事，推进人类文明交流互鉴。

考古学是通过对古代遗存遗留信息的分析研究，来揭示特定时间与空间内古代文化，形成关于古代社会的整体认知的学科。考古学从诞生的那天起，天然带有自然科学的传统和基因，传统考古学的两大支柱——地层学和类型学就是借鉴地质学、生物学而来，后来发展出的考古测年技术，更是考古工作科学性不可缺少的一环。随着考古学从历史文化向社会文化的研究转向，科学技术在考古中的应用越来越广泛，分析研究越来越深入。20世纪90年代中期，俞伟超先生提出全息考古学以来，考古科技的发展十分迅猛，中国考古与现代科学技术日益深度融合，科学技术应用逐渐进入世界前列，极大地提高了中国考古的发现和分析能力。

重庆地区的科技考古工作具有悠久的历史，其起步大致和全国同步，具有起点高、开放性强、范围广、敢于创新等特点。重庆地区科技考古发展历程大体可分为四个阶段：一是重庆直辖以前，属于零星尝试的萌芽期；二是三峡考古时期，全国主要的考古队伍共同参与、共同促进，属于重庆科技考古的起步阶段；三是2006~2018年间，重庆市文物考古所（现重庆市文物考古研究院）的成立，成为推动重庆科技考古的主体力量，这一时期属于重庆科技考古纵深发展阶段；四是2019年以来，随着大遗址保护、考古遗址公园建设和预防性保护的兴起，重庆地区考古的科技应用、科技史研究和考古遗产的科技保护、科技展示等得以迅猛发展，与行业内外的科研机构合作加速，呈现多学科日益融合发展的生动局面。近年来，重庆考古在信息技术、生物工程、对地观测、理化分析等相关学科的帮助下，在考古测绘、年代测定、生物分析、环境考古、器物研究、科技保护等方面做了大量探索，创新了若干考古研究方法，拓展了考古研究的新领域（图1）。

在新发展理念指引下，以重庆市文物考古研究院为主力的重庆科技考古建立了专业的人才队伍，加大了与国内外科研机构的广泛合作，构建起科技考古发展新平台，在软硬件建设、设施设备、监测分析、科技史、科技保

图 1　重庆市文物考古研究院科技考古与科技保护"实验楼"

护、科技展示等方面取得了较大突破，成功申报多项科技考古专利和考古文创知识产权，相关科研成果获重庆市科技进步等多项奖励表彰。

二、夯实科技考古基础

　　提高考古发现、考古分析、考古保护能力，必须向科学技术要效益、要生产力。重庆市文物考古研究院成立以来，确立了"科研兴院、人才强院"的发展战略，突出"考古＋科技＋人才"三位一体发展导向，强化科技考古基础，着力在以下方面重点发展。

　　一是高度重视科技人才队伍建设。近年来，重庆市文物考古研究院先后有 3 名考古领队获得重庆英才"名家名师"称号，创建全国教科文卫体工会"劳模创新工作室"、生物考古透明工作坊（图 2）等，促进考古传统技术与现代科技融合。通过引进和委托培养动物考古、植物考古、科技史、理化分析、测绘测量、数字技术等近二十个专业领域的人才，初步建立了一支以博士、硕士为主的高层次人才队伍。大力推广新型师承制，建立考古技工师带徒新体制，培养了一批掌握数字测量、数字绘图、数字建模、现场保护等现

图2　生物考古透明工作坊

代科学技术的一线实作人才队伍，初步形成一支老中青搭配、高中低齐备的人才队伍体系。

　　二是高度重视科技考古软硬件建设。2021年起，重庆市文物考古研究院纳入重庆市科技局科研单位管理，获得科研绩效激励专项课题常态经费支持。建成面积达3000平方米的科技考古和科技保护"实验楼"、3500平方米的三峡考古出土"文物修复中心"，极大地提升了科技考古和科技保护条件。耗资1500余万元，配齐配好科技考古设备，特别是购置了一批科技考古大件，如考古CT检测仪（图3）、扫描电镜及能谱探测器、高精度三维扫描仪（图4）、超景深显微镜等，走在了全国省级考古院所设备配置前列。获批考古现场文物保护重庆市级科研基地，初步建成动物考古实验室、植物考古实验室、数字影像实验室、理化分析实验室等，大力推进实验室考古工作。强化数字考古系统集成，建成重庆不可移动文物数据库、重庆三峡历史文化资源数据库，开发重庆田野考古、出土文物修复、出土文物保管、学术科研等软件系统，初步建立重庆考古信息智慧平台（图5）。

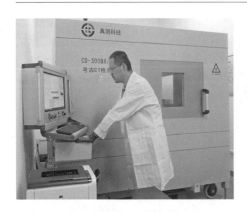

图3 考古 CT 检测仪　　　　图4 永川高洞子宋墓高精度三维激光扫描

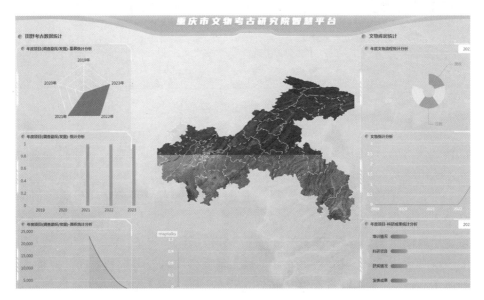

图5 重庆市文物考古研究院考古信息智慧平台

　　三是高度重视科技考古成果转化。以问题为导向、以结果为导向，促进科技成果向保护、展示、阐释、利用转化。在合川钓鱼城、奉节白帝城等大遗址保护、考古遗址公园建设中，大力推进科技考古成果转化为保护、展示内容，推进渝中区老鼓楼、太平门、江津石佛寺等建筑基址数字复原研究（图6），开发九龙坡区冬笋坝遗址等10余处遗址数字化 AR/VR 考古漫游系统。注重考古出土文物修复保护中的二次研究，开展出土文物工艺研究、微痕研究，实施150余件考古出土文物数字化工程等。建成面积达600平方米

图6　江津石佛寺南宋时期建筑复原示意图

的重庆虚拟考古体验馆，通过现代数字技术、科技装置等展示巴渝文化、中华文明。

　　四是高度重视科技考古开放合作。重庆市文物考古研究院与俄罗斯科学院西伯利亚分院、重庆师范大学合作成立"中俄科技考古研究所"，与中国社会科学院考古研究所合作开展饱水西汉墓木棺实验室考古工作，与日本爱媛大学、四川大学合作开展南方高温潮湿环境下的出土铁器保护技术研究，与重庆大学、上海交通大学、中国科学院广州化学研究所、中国科学院绿色智能技术研究院等国内三十余家高校和科研院所建立合作关系，设立开放项目，广泛推进考古发掘、文物保护技术合作（图7）。单位设立内设课题，推动科技奖励绩效课题落地，申报国家级、市级社会科学基金、自然科学基金科研项目等，推进考古科研项目化、课题化，大力培养科技考古高端人才、领军人才。

图 7　与复旦大学文物与博物馆学系、国土与文化资源研究中心签署战略合作框架协议

三、大力推动科技考古工作

考古工作虽然是研究人文的科学，但由于研究对象的物质性，信息提取分析主要依靠自然科学。重庆地区考古资源丰富，重庆考古人敢为人先，与曾在渝工作的其他考古单位和科研单位一起，以开拓创新气魄推动科技考古在巴渝大地落地生根。

一是创新考古勘探测绘。1994 年，地球物探技术率先在重庆考古中得到实验性应用，中日联合考古物探试验研究队综合利用考古物探和地面电探 CT 技术在涪陵小田溪墓群和云阳帽盒岭墓群开展地下文物探查实验研究，所积累的经验教训为无损勘探技术后续发展和推广起到了促进作用。现代影像技术对考古工作至关重要，早在 2000 年，重庆在国内就较早应用系留气球、航模飞机等对数十处考古遗址、墓地开展航拍，采集了大量高精度影像。近年来，无人机在考古工作中得到广泛应用，通过多视角三维重建技术获得了大量考古现场数字模型（图 8）。数字测绘技术为考古发掘与遗址保护提供了极大便利，GPS、RTK、三维扫描等全面引入文物定点定位、现场测绘、考古发掘工作中，所获取的海量数据被用于数据交汇、正

图8　忠县皇华城城址高程模型

射影像、三维模型、数字重建、数字展示等工作，极大地提高了重庆考古工作的超视距、数字化能力。融合三维数字扫描和超景深摄影技术，对考古发现的一些人类行为痕迹进行微痕考古研究，促进学术界改变只能对人类行为痕迹进行平面观察的局限，实现在微观、立体、动态、三维状态中研究人类行为痕迹的突破性进展。

　　二是强化理化检测分析。年代检测方面，目前已获得重庆地区200余个考古年代数据，初步建立了重庆地区从旧石器时代早期至明清时期上百万年的物质文化年代序列标尺。遗物成分与结构分析方面，与西北大学、重庆中国三峡博物馆、中国地质大学、南京化工学院、国家文物局考古研究中心等合作，对巫山大溪遗址、丰都玉溪遗址出土新石器陶器、玉器、绿松石和涪陵小田溪、云阳李家坝墓群出土巴文化铜器、武隆关口一号墓出土中药遗存、忠县乌杨墓群出土铁器、南岸涂山窑出土瓷器等进行成分检测与结构分析，深化了重庆古代物质文化遗产的成分、产地、工艺等研究。环境考古研究方面，重庆市文物考古研究院、四川省文物考古研究院与南京大学、四川大学、中山大学等单位合作，对丰都玉溪遗址、忠县中坝遗址、永川汉东城遗址开展地球化学指标等分析研究，在复原长江上游古环境、古气候方面取得较好成效，特别是三峡地区数千年周期性洪水研究的重要突破，深化了水文考古的科学内涵。

三是重视人类骨骼研究。在国内率先开展分子生物技术在考古学领域的应用实践，2001 年，重庆市文物考古研究院与复旦大学现代人类学研究中心合作，对巫山大溪遗址新石器墓葬人骨、万州石地磅墓群的汉代人骨进行了 DNA 检测；2021 年，与中国科学院古脊椎动物与古人类研究所合作，在涪陵小田溪墓群首次成功提取古巴人 DNA，为重庆地区古代人群的族属和人群关系研究打开了新视角，取得了传统考古难以获取的生物遗传信息。此外，还与中国社会科学院考古研究所、四川大学等单位合作，在巫山大溪、大水田、忠县中坝等遗址深入开展出土远古人骨的年龄、性别鉴定，开展体质人类学测量分析，创新古人类骨骼病理研究，均取得了不错的收获。

四是广泛开展动植物考古。在三峡考古时期，四川省文物考古研究院与中国社会科学院考古研究所、美国哈佛大学合作在中坝遗址开展植物考古、动物考古研究，重庆市文物考古研究院与北京大学合作在玉溪遗址开展动物考古研究。近年来，聚焦重要考古项目，普遍实施浮选筛选，重庆考古人在生业考古方面累计开展了 40 余项工作，在自然环境与人类文化的关系研究、动植物考古研究方面取得多项突破，特别是与重庆师范大学合作，在小哺乳动物研究上取得重要成果，初步重建了巴渝地区古代生业发展历史。骨骼研究是食性分析的重要手段，南京大学等单位的科技考古人员检测了中坝遗址人类与动物的牙釉质碳、氧同位素，重建了中坝遗址哺乳类动物的生存与豢养模式。

五是推进考古遗产科技保护。在山区考古现场壁画、重要遗迹保护方面，运用发泡材料替代传统石膏，以便减轻并加固保护对象，极大地便利了考古揭露文物的切割搬迁。研发鎏金铜器凝胶除锈关键技术，研究凝胶保护升级版，新型绿色凝胶的制备及去除脆弱文物表面临时加固保护层的应用研究达到同行业先进水平（图 9）。与重庆大学等合作开展微生物技术在考古出土文物保护修复中的应用研究，创新开展基于深度风格迁移网络的考古数字拓片图像生成与识别技术等，提高考古遗产保护科技水平。

科技考古一方面是指科学技术在考古工作中的应用，另一方面也包括对古代科学技术的发掘研究。在重庆古代科技史研究方面，我们也取得了一批

图9　凝胶除锈剂清除效果及凝胶除锈剂专利证书

国内外有影响的重要成果。其中，四川省文物考古研究院、重庆市文物考古研究院、中国科学技术大学等单位对忠县中坝、彭水中井坝遗址遗迹表面钙化物、陶器残片液态包裹体等检测分析，确认了自新石器时代晚期以来东亚最早、延续时间最长的井盐制盐历史。重庆市文物考古研究院、四川大学等单位通过对奉节白帝城、合川钓鱼城、忠县皇华城等宋元山城遗址出土铁火

图10　金相显微观察

雷的制作工艺、黑火药成分、模拟爆炸运算等的分析研究，确认了现存世界最早火器的重大考古发现。重庆市文物考古研究院、河南省文物考古研究院与中国科学院大学、北京科技大学等单位合作，对丰都、石柱 10 余处炼锌遗址考古发掘采集的 70 余件样品，采用金相显微学等进行检测分析（图 10），基本厘清了炼锌遗址的时代、矿源、成分、炉温、工艺流程等重大问题，确认了世界最早的下火上凝式单质锌冶炼技术。

四、重庆科技考古对策建议

科技是考古创新能力提升的关键，深化科学技术在考古工作中的应用，推动科学技术与考古工作深融合、真融合、巧融合，是当前和今后一个时期考古工作的重中之重。重庆地区的科技考古在过去二十多年取得了显著进展，但也存在科技人才不够强、科技考古系统性不完善的问题，存在科技设施设备跟不上考古工作发展需要的问题，存在科技考古平台级别不高的问题，存在科学技术运用与考古、保护两张皮的问题，存在科研课题、科研经费不足等系列问题。

"十四五"时期是我国开启全面建设社会主义现代化国家新征程的第一个五年，也是推进社会主义文化强国建设、推动实现从文物资源大国向文物保护利用强国跨越的关键时期。为贯彻落实习近平总书记关于文物考古工作的重要指示批示精神，重庆坚持以更高站位和标准加强建设全国一流的考古研究和阐释体系，必须从以下几方面继续努力。

一是强化科技考古规划指引。国务院办公厅印发的《"十四五"文物保护和科技创新规划》是我国首个文物领域的科技创新规划，具有重要的指导意义。重庆市文化和旅游发展委员会印发的《重庆市"十四五"文物保护和科技创新规划》，为重庆科技考古提出了具体目标和方向。下一步，要在科技创新上抓落实，在科技考古上抓突破，落实落细规划各项内容，严肃规划的刚性、权威性，推动重庆科技考古高质量发展。

二是增强科技考古前瞻性。要着眼于重庆考古资源禀赋，增强考古工作全局性、系统性思维，建设陶瓷器、动植物、古人类骨骼等科技考古标本库，凝练考古科学研究关键课题、重大课题，推动多学科联合攻关，深化行业内外、国内外合作，重点开展山地考古和山地文化遗产保护研究，实施创建市级科研实验室，争取获得国家文物局文化遗产重点保护基地授牌。

三是强化科研课题引领性。加强与科研管理部门沟通，定期发布文物考古研究、科技考古保护科研课题指南，通过能人摘榜、课题竞标等方式，推动科技考古向纵深发展。针对绝大多数考古单位为公益一类科研事业单位的现状，要努力解决"做不做科研工作一个样，有没有科研项目一个样，转不转化科研成果一个样"的机制问题，制定完善科研绩效奖励引导的突破性政策措施，激发文物考古科技研究热情。

四是夯实科技考古基础。要加大文物考古中的科技投入，通过预防性保护等完善考古单位科技装备，建成国家重点地区（重庆）考古标本库房。在事业编制、职称评定、人才评比等方面给予科技考古人才更多机会，开展文物考古科技重大成果评选和突出贡献表彰，避免人才流失。加强考古的科技展示阐释，深化数字考古平台建设，进一步增强考古在文物保护中的基础地位，建成重庆考古展示中心（璧山）。

随着科技的发展和学科理念的创新，科技考古不断丰富、充实和拓展考古学的研究思路、研究方法和研究内容，中国考古学、考古工作已经进入科技考古时代。重庆考古工作者需要在思想上牢固树立创新发展理念，以更加开放的视野融入当代科技大潮当中，为实现习近平总书记"努力建设中国特色、中国风格、中国气派的考古学"的号召而努力奋斗。

"内涵"与"外延"共推文物保护创新驱动
——三峡文物科技保护基地建设经验回顾

重庆中国三峡博物馆　赵雄伟　易　宁　王　尚

摘　要： 2020 年 9 月，习近平总书记在中共中央政治局第二十三次集体学习时强调，要建设中国特色、中国风格、中国气派的考古学，继续探索未知、揭示本源，做好考古成果的挖掘、整理、阐释工作，搞好历史文化遗产保护工作，加强考古能力建设和学科建设。三峡文物科技保护基地在新发展理念的指引下，建设和运营取得突破性成效。本文系统回顾了三峡文物科技保护基地建设的定位、功能设计，总结了创新发展的经验做法，并就新发展阶段如何贯彻落实新发展理念提出对策建议。

关键词： 内涵式发展　科技创新　文物保护

三峡文物科技保护基地位于重庆市南岸区，2021 年 6 月建成开放，定位为国家级文物科技保护基地，是重庆中国三峡博物馆的重要组成部分。基地

图 1　三峡文物科技保护基地

总建筑面积 1.8 万平方米，以"两江交汇，峡之演绎"为创意，宛如一座山地之上的白色峡谷，耸立在长江沿岸的文化创意带上，集文物保护、文物保管、展览展示、公众服务等功能于一体，是重庆在文物领域贯彻落实新发展理念的重要成果之一（图 1）。

一、建设三峡文物科技保护基地的缘起

重庆现有馆藏文物 76 万余件，不可移动文物 2.6 万余处，其中大量来源于三峡库区出土文物。这些历史文物充分反映了长江流域重庆段古代文明的发达程度，是其绚烂历史的重要见证，也是展示中华文明起源和发展历史脉络的重要实证，亟待更好的保护修复，进而发挥其在传承中华优秀传统文化、培育社会主义核心价值观、实现中华民族伟大复兴中国梦中的重要作用。

（一）建设三峡文物科技保护基地是新时代文物保护工作的需要

重庆乃至西南地区一直缺乏统一和系统的机构对这些珍贵的文化遗产进行科技保护，而三峡库区涉及的区县经济发展较为薄弱，缺乏文物修复的专业人才和设施，很难在各县级文博单位分别建设文物修复机构。因此，集中全市人才、经费、技术和设备，建设三峡文物科技保护基地，成为切实可行、集中高效的文物保护方案，有助于提升重庆文物保护修复水平和效率，降低文物修复成本。

（二）建设三峡文物科技保护基地是文物保护工作的重要布局

2015 年，经过国家文物局和工业和信息化部协调，文物装备产业基地最终落户重庆，为三峡文物科技保护基地建设助推加速。重庆旨在将文物保护装备产业基地打造成为集制造、实验、展示于一体的综合性产业园，积极引进文物保护装备制造、研发、集成企业集中布局落户基地。三峡文物科技保护基地作为重庆文物保护装备产业基地的重要组成部分，可直接参与产品研发，实现与企业在文物保护装备示范应用阶段的无缝对接，将大幅提高文物保护装备最新科技成果转化速率，为新成果的推广和应用发挥积极作用。

（三）建设三峡文物科技保护基地是重庆加快推进文化强市建设的有力举措

重庆以丰富的文物资源为依托发展文化产业和旅游业，打造新的区域经济发展增长点，带动了城市建设发展。文物是不可再生和复制的，其保护利用具有很高要求。三峡文物科技保护基地的建设，有利于深入挖掘文化遗产项目的历史内涵，让收藏在博物馆里的文物、陈列在广阔大地上的遗产、书写在古籍里的文字都活起来，丰富全社会历史文化滋养，助推文化与旅游融合发展，优化文化旅游产业发展格局，提升重庆都市经济圈的文化软实力，

延伸文化旅游产业链条，对重庆加快"打造西部领先的文化旅游高地，建设成为国际知名的文化旅游目的地"具有积极促进作用。

二、三峡文物科技保护基地的功能设计

三峡文物保护工程，自 1997 年始至 2010 年结束，重庆库区完成了 774 处文物的保护，出土文物 13 万件 / 套。由于整个工程时间紧、任务重，仍然有大量文物未经过科学的保护修复就入藏文物库房，基地建设是三峡文物保护工程的重要延续，满足保护中心、文物库房、展示中心、开放式教学和办公五大需求。此外，重庆作为西部大开发的重要战略支点、"一带一路"和长江经济带的连接点，基地建设还担负着辐射西部地区和长江经济带文物工作以及对外文化交流的责任。

（一）西南地区馆藏文物保护修复中心

重庆地区历史悠久，文物资源丰厚，特别是长江三峡地区，共有出土文物 18 万余件。这些珍贵的文化遗存，绝大部分自出土后就未进行过科学的保护修复，文物表面病害劣化严重，文物安全受到严重的威胁。三峡文物科技保护基地为科学保护修复这些文物提供了硬件保障。此外，与发达省市相比，西南地区整体文物保护修复能力有较大差距，三峡文物科技保护基地除完成本市文物保护任务，还可辐射整个西南地区的文物保护工作。2021 年，国家文物局启动了三峡出土文物修复三年行动计划，三峡文物科技保护基地是实施该计划的主要场所。

（二）馆藏文物有害生物控制研究中心

重庆中国三峡博物馆是国内较早从事馆藏文物有害生物控制研究的机构之一，2015 年获批重庆市文物局"馆藏文物有害生物控制研究中心——重庆市文化遗产保护科研基地"。通过多年来的实践与积累，在馆藏文物有害生物控制研究方面积累了丰富经验，取得了数十项专利，在全国具有较广泛的影响力，其研究处于国内领先水平，一直积极申报国家文物局重点科研基地。因此，馆藏文物有害生物控制研究在设计之初即作为三峡文物科技保护基地的核心功能之一。2019 年，获批国家文物局重点科研基地以后，即致力于打造国家馆藏文物有害生物控制研究中心。

（三）重庆市文化遗产保护中心

重庆市现有不可移动文物约 2.6 万处，国家历史文化名城 1 个，市级历史文化名城 4 个；中国历史文化名镇 23 个，市级历史文化名镇 54 个；中国历史文化名村 1 个，市级历史文化名村 45 个；中国历史文化街区 1 个，市级历史文化街区 10 个[①]，这些珍贵的物质遗存承载着深厚的历史和文化底蕴。充分挖掘好、利用好、保护好这些文化资源，特别是与重大历史事件、著名人物有关的文物建筑和文献资料，对于展示重庆文化博大精深的内涵和魅力，让重庆文化可观可感、可忆可念，具有深远的历史意义和重要的现实意义。因此，充分发挥博物馆对文物保护、文物建筑保护的职责和经验，以及对相关场馆的技术支持，推动三峡地区文物及文物建筑的保护，推动历史文化街区、古村落的保护和规划，推动与文物保护相关场馆的统筹建设，推动以文物保护为契机带动周边发展的综合利用，也是三峡文物科技保护基地的核心功能之一。

（四）三峡古人类研究所

三峡地区被誉为"东方古人类"的摇篮，作为第四纪人类和动物南北迁移的重要通道，重庆在研究人类在我国的起源、演化及旧石器文化发展方面有重要地位。多年的考古发掘使得重庆不仅建立了较为完善的旧石器时代序列，还发现了中国最古老的人科成员牙齿化石。2009 年，重庆中国三峡博物馆即成立了三峡古人类研究所，其人员架构经过多次调整，最终划归三峡文物科技保护基地，使考古、文物保护有机融合，考古成果能够更好地服务社会。

（五）重庆地区文物预防性保护中心

自 2015 年开始实施馆藏文物预防性保护项目以来，重庆中国三峡博物馆逐步完成展厅、展柜、库房环境的全覆盖测试，并在个别区域开展了微环境调控技术的示范应用。除承担本馆的文物预防性保护工作以外，重庆中国三峡博物馆还是重庆市馆藏文物预防性保护区域中心，承担着整个重庆市的馆藏文物预防性保护方案编制、项目指导工作。2021 年，重庆市馆藏文物预防性保护区域中心在三峡文物科技保护基地建设完成，下一步将整合重庆区域内各博物馆、文博单位文物预防性保护系统，实现全域内文物预防性保护智慧化管理。

（六）文物保护装备研发应用中心

三峡文物科技保护基地作为重庆装备产业基地的重要组成部分，将作为研发应用中心，主要承担三个方面的工作。一是参与文物保护装备的研发，与入驻装备产业基地的企业发挥各自优势，联合开展研发工作；二是自行开展文物保护装备的研发，以重庆中国三峡博物馆现有硬件设施设备及技术力量为基础，新增科技保护专业设施设备，利用本馆的库房和展厅对馆藏文物、三峡出土文物进行科技保护应用性研究；三是文物保护装备的示范应

[①]　数据截至 2022 年 9 月。

用，文物库房、展厅、实验室都可成为园区内企业文物保护装备的示范应用平台，达到文物保护和装备展示的最佳结合。

（七）社会教育服务平台

三峡文物科技保护基地以文物保护为依托，展示文物保护工作流程，开展文物保护与传统文化研学活动，宣传文物保护的重要性，同时结合数字展示技术，大力拓展合理适度利用的有效途径，让历史说话，让文物说话，讲好中国故事，传承中华优秀传统文化，培育社会主义核心价值观。基地设置了"三峡文物抢救保护工程成果展""三峡文物数字体验馆""再现光华——三峡文物科技保护基地科普展"三个常设展览。

（八）西南地区文物保护人才培养中心

重庆中国三峡博物馆作为重庆地区龙头博物馆和西南博物馆联盟成员，为西南地区博物馆培养文物保护人才是其重要职责之一。三峡文物科技保护基地由于其独特的功能设置，汇集了教育学、历史学、考古学、化学、物理学、生物学等多学科人才，有助于学科之间的相互交叉、融合和渗透。建立了较为完善的拔尖人才培优、专业人才交流培养政策体系，为人才整体培养、按需培养、分类培养、重点培养奠定了基础。

三、三峡文物科技保护基地建设的经验总结

取法其上，得乎其中。项目从启动之初即坚持高起点规划、高标准建设，放在重庆市、西南地区乃至全国文物工作大局中谋划推进，兼顾建筑形态和建筑功能，兼顾当前实际和长远发展，兼顾文物保护与利用需求，成为全市文化新地标。

（一）博物馆内涵式发展与外延式拓展的尝试

重庆中国三峡博物馆作为国家一级博物馆、央地共建博物馆，担负着公众教育、文物保护研究以及指导重庆区县博物馆业务等责任，由于建设年代较早，建筑面积 5.169 万平方米，展厅面积 2.7597 万平方米，设计缺乏配套的公共教育区域，许多藏品不能展示，藏品空间也有局限。三峡文物科技保护基地作为重庆中国三峡博物馆的重要组成部分，完善拓展了博物馆服务功能。

一是实施"腾笼换鸟"工程，将与文物保护相关的业务部门搬迁至三峡文物科技保护基地，为重庆中国三峡博物馆本馆腾出更多的空间用于公共服务，实现由"重物轻人"到"以人为本"的转变。博物馆的社会服务功能更加凸显，人民群众对于公共文化的需求得以进一步满足。二是有机整合博物馆的文物保护职能，将文物保护、考古、预防性保护、文化遗产保护统一划归到文物保护与考古部统一管理，保证了文物保护在顶层设计、机制建设、人才建设等各方面的科学、协调。三是突出教育的针对性，赋予三峡文物科技保护基地部分教育职能，专门开展与文物保护相关的社会教育活动，向公众传播文物保护理念、知识。四是凸显博物馆为人民服务的宗旨，在三峡文物科技保护基地建设有 2000 平方米的社会文物库房，面向社会公众提供文物保管、保护服务。五是增强科普职能。在三峡文物科技保护基地建设有半开放式的文物修复室，观众不仅可以通过橱窗目睹文物修复师的工作，还可以通过 360 度高清摄像头观察到文物修复的每个细节，揭开了文物修复工作的"神秘面纱"（图 2、3）。

图 2　观众通过橱窗观看文物修复

图 3　观众通过高清摄像头观看文物修复

（二）注重新技术运用，加强创造性转化

采用 BIM、CFD、FEA、AI、大数据、物联网等技术，实现环境监测、数据分析、决策指挥从二维到三维空间的跨越，在三峡文物科技保护基地建立包括有害生物监测在内的微环境、小环境及大环境的环境监测系统，通过技术创新在原有预防性保护工作上实现突破与变革，多维度呈现三峡文物科技保护成果，打造国家级研学示范基地。探索有害生物控制新技术、新装备、新材料的研发，上游做熏蒸剂，中游做实验性的评估，下游是装备服务。挂牌重点科研基地工作站，已开展工作人员相关专业培训；为观众科普文物生物病害微观形貌，打造科研基地微展览；举办学术交流会议，强化科研基地学术中心的定位。以打造不可移动文物保护修复、合理利用及服务地方文化建设的"全产业链和整体解决模式"的思路，研发新材料、新技术、新工艺，挖掘地方传统保护技术，培养保护修复专业人才。联合申请相关专利，拓展应用领域，实现产学研"三位一体"协同发展。积极推进智慧博物馆建设，利用互动投影、三维虚拟模型等展示手段，提高基地数字化展示能力和水平，推进三峡文物数字化保护项目建设，对三峡文化相关的文物进行三维数据采集，建立三峡文化知识库，构建三峡文化知识图谱。

（三）抢抓机遇加强合作，实现跨越发展

充分抓住长江经济带建设、成渝地区双城经济圈建设等国家战略布局带来的机遇，结合独特的政策、区位、文物优势资源要素，不断扩大自身影响力。一是整合优势，充分利用可移动文物修复资质、文物保护工程勘察设计甲级资质、文物保护工程监理乙级资质，以及西南地区唯一一家可移动文物修复优质服务机构的平台优势，发挥在文物保护领域中的领军地位和辐射作用，按照市场准入原则，积极开辟拓展文物修护市场，努力抢占西部文物科技性保护修复制高点。二是建立开放、共享的合作机制。三峡文物科技保护基地在设计之初，即秉承开放、共享的理念，致力于打造开放、共享的文物科技保护平台，充分发挥自身所长，寻求长期合作伙伴，建立广泛、深入的合作关系。目前，已与西北大学、重庆师范大学、重庆理工大学等建立了合作伙伴关系。双方分工明确，职责分明，有效节约了大量人力成本，工作效率明显提高。

四、结语

三峡文物科技保护基地建设，是重庆中国三峡博物馆内涵式发展与外延式拓展的重要举措。它的建成开放将进一步提高重庆地区文物科技保护水

平，对于推动重庆乃至西南地区文物科技创新高质量发展有着重要的支撑作用。当前，基地受经费、人才队伍等多重因素制约，仍然存在很多亟待突破的瓶颈。未来一个时期，基地将聚焦"强基础、精业务、重管理"三个维度实现高质量发展目标：一是积极谋划和争取上级项目，以大项目带动大发展、大发展催生大项目，以一隅服务全局，在革命文物保护、三峡出土文物修复等全国重点文物工作中发挥好一隅的作用；二是提升高质量发展的核心竞争力，加强科研学术工作，继续开展以巴渝文化、革命文化等为重点的研究，形成一批有行业影响力的科研成果，推进文物活化利用，丰富智慧博物馆功能，让观众把"博物馆带回家"；三是深化管理激发创新活力，不断完善管理机制，创新以考核分配、竞争激励为抓手的运行机制，建立"文物 +"的合作机制，在展览、社教、文创等方面形成合作成果，实现 1+1 > 2 的融合发展，为推进社会主义文化强国建设、推动实现从文物资源大国向文物保护利用强国做出贡献。

参考文献

1. 单霁翔：《抓住历史机遇　推进新时期中国博物馆的蓬勃发展》,《中国文物报》2010 年 11 月 5 日。

2. 魏峻：《关于博物馆定义和未来发展的若干思考》,《中国博物馆》2018 年第 4 期。

3. 翁淮南：《新发展理念下的中国博物馆发展趋势探析》,《文博学刊》2020 年第 1 期。

4. 程武彦：《关于博物馆走内涵式发展道路的几点思考》,《博物馆研究》2013 年第 4 期。

5. 程武彦：《关于博物馆创新与规范的思考》,《中国文物报》2014 年 10 月 28 日。

贯彻新发展理念，推动大足石刻保护利用
高质量发展

大足石刻研究院　赵　岗　杨　娟　龙小帆

摘　要： 为充分发挥科技在石窟寺保护利用工作中的推动作用，近年来，大足石刻研究院立足自身实际，坚持"创造性转化、创新性发展"理念，加强对外交流及合作，在大足石刻保护、考古研究及传承利用工作中开展了大量有益的探索和实践，并取得了初步成效。本文从大足石刻实施科技引领创新发展的经验做法、问题和不足、对策与建议等三个方面进行梳理，总结经验，分析问题，展望发展趋势，以期全面提升石窟寺保护利用水平。

关键词： 新发展理念　保护利用　科技创新

石窟寺作为文化遗产的重要类别，其保护理念、技术和方法也在不断创新，多年来，大足石刻研究院一直致力于病害机理、传统制作材料与工艺、文物本体保护修复材料、技术装备等方面的研发创新。同时，基于石窟寺建档和信息留存工作的需要，基于挖掘石窟寺历史文化价值和文物活化利用的目的，在考古调查及传承利用工作中对数字信息技术也进行了有益探索和实践。

一、科技创新推动大足石刻保护利用取得初步成效

（一）文物科技保护取得重要突破

石窟寺是文物工作的重点领域之一，保护施工难度大、技术要求高，需要前期详细深入的勘察和研究工作。大足石刻研究院一直聚焦石刻风险监测、病害勘察、防风化加固、水害治理、生物病害防治等重大紧迫需求，联合中国文化遗产研究院、中国地质大学（武汉）等高校、文博机构和科研院所，实施了一批综合性、研究性石窟寺保护项目，围绕石窟寺保护材料、保

护技术和施工工艺等开展了大量基础研究和技术攻关工作，充分发挥了科技在石窟寺保护中的支撑作用。2015 年，重庆市文物局将大足石质文物保护中心认定为重庆市文化遗产保护科研基地，大足石刻作为南方地区潮湿环境条件下石窟寺最具典型的代表，主要围绕我国南方石窟寺所面临的共性关键问题，有计划地开展了以大足石刻为主的保护研究以及学术交流等工作，取得了一定成效。目前，已基本建立起了潮湿环境下南方石窟寺保护科研理论与实践体系。

大足石刻研究院实施了一大批岩体加固、渗水治理、本体修复等重大文物保护项目，在一定程度上使石刻病害得到了有效遏制。在保护维修中，坚持技术创新、工艺创新、材料创新，在多项保护工程中所采用的技术措施，均处于国内石质文物保护的领先水平。例如，由中国文化遗产研究院牵头组成项目组，联合敦煌研究院、中国地质大学、清华大学、北京大学、北京建筑大学、河海大学、大足石刻研究院等 10 多个机构，通过多学科联合攻关，历时 8 年完成的"全国石质文物保护一号工程"——大足石刻千手观音造像抢救性保护工程，开创了我国大型贴金彩绘不可移动石质文物修复的先河，被评为"第三届全国优秀文物维修工程"（图 1）。工程实施过程中，采取研

图 1　宝顶山千手观音造像（修复后）

究与修复同步开展的模式，发掘川渝地区传统髹漆贴金工艺，根据当地高温高湿环境，对保护材料不断改进，循序渐进完成了石质胎体、彩绘贴金层的修复工作（图2）。2017年完成的大足石刻宝顶山大佛湾水害治理工程（一期）成效显著，项目对宝顶山大佛湾卧佛及周边区域采用了截水帷幕、地面疏排水、竖向泄水等技术措施，形成了疏堵结合的立体式防渗体系，使卧佛区域的长期渗水问题得到了有效改善（图3）。

图2　宝顶山千手观音造像修复现场

图3　宝顶山大佛湾水害治理工程前后对比照

川渝石窟保护示范项目——大足石刻宝顶山卧佛、小佛湾修缮工程稳步推进。项目由中国文化遗产研究院牵头，针对卧佛、小佛湾石刻造像发育的石质风化、彩绘及贴金劣化、可溶盐风化、生物侵蚀、表面污染等病害进行为期三年的专项研究，成果显著（图4）。宝顶山摩崖造像圆觉洞抢险加固工程正在有序推动。项目通过详细的前期勘察研究，建立了圆觉洞工程地质和水文地质模型，揭示了影响圆觉洞顶板稳定性的主控因素，为保护方案提供了数据支撑和科学依据（图5）。上述典型石窟寺保护项目充

图4　卧佛岩体风化状态超声检测

分发挥了重大项目的创新驱动和示范作用，为我国南方地区石窟寺的保护修缮提供了可资借鉴的成功经验。

① 防污层
② 耦合层
③ 大阻尼橡胶层
④ 粘结层
⑤ 支撑板

图5　圆觉洞顶板临时支护措施

（二）遗产监测体系得到进一步完善

开展遗产监测是世界文化遗产保护管理的一项重要内容，也是遗产地实现可持续发展的重要保证，更是缔约国履行《保护世界文化和自然遗产公约》的责任和义务。大足石刻的监测工作历经了从无到有，从弱到强，从单一要素监测如本体、环境监测，到包括影响遗产价值的各方面的监测，监测手段上实现了从人工巡查、记录到自动化监测的跨越。2012 年，建成大足石刻世界文化遗产监测预警平台，监测内容涵盖了文物本体、文物环境、自然环境、人为活动因素以及保护管理等 18 个大类、70 多个子项，全方位加强遗产监测，从根本上改变了被动式保护管理模式，实现了大足石刻由抢救性保护向预防性保护的跨越式发展，有效防范和化解了遗产潜在风险（图 6）。大足石刻监测年度报告连续三年被评为"全国优秀监测年度报告"。

图 6　大足石刻世界文化遗产监测预警中心控制室

由于石窟寺保护工程具有复杂性、不确定性和离散性，大足石刻研究院秉承"监测并行、信息化施工"的理念，近年来开展了石篆山摩崖造像抢险加固工程、宝顶山卧佛区域水害治理工程、圆觉洞抢险加固工程等多项重大文物保护工程专项监测工作，通过多元化监测手段，实时采集施工过程中现场监测数据，并加以分析和预测，根据分析结果来指导下一步施工，确保了安全施工和精细化施工（图 7）。通过持续性跟踪监测，为施工效果的评价提供了科学依据。

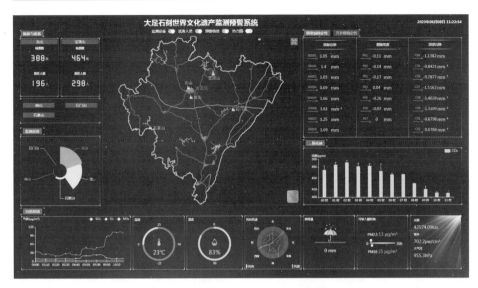

图 7　大足石刻世界文化遗产监测预警系统界面

（三）考古测绘实现新技术应用

采用数字技术进行石窟寺考古测绘。近年来，大足石刻研究院利用三维激光扫描、多基线近景摄影测量技术，重点对 8 处全国重点文物保护单位开展考古测绘，获得了大量成果，主要包括三维模型数据、正射影像图、矢量线划图、等值线图等（图 8、9）。这些成果为编写考古报告提供了基础支撑。2019 年，《大足石刻全集》考古报告正式出版，其中一项重要的科技成果，

图 8　圆觉洞东壁三维扫描正射影像图

图 9　石门山第 8 号窟主尊等值线图

就是利用以三维激光扫描、多基线近景摄影等数字技术完成的3300多幅数字线图和等值线图。同时，通过卫星、无人机等航拍摄影技术和地形测绘等，获取了石窟依存环境载体和地形地貌的数据信息，这些数字技术的应用，突破了传统考古记录手段和方式，提升了考古工作效率和成果品质，不但满足了考古研究需求，也为建立石窟寺档案提供了基础支撑。《大足石刻全集》以其科学保护价值、文献价值、学术价值和艺术价值，成为迄今为止关于大足石刻最全面、最权威的考古研究报告，填补了国内石窟寺编写出版大型考古报告的空白（图10）。

图 10　《大足石刻全集》

（四）展示利用科技手段多样化

借助科技、艺术等手段，传统的石窟寺文化在新时代、新语境下有了全新的表达，传递出新的时代活力。近年来，借助科技力量，大足石刻也在尝试"走出去"的多元路径，丰富了"活起来"的多样性。一是推动高精度数字化复制，大足石刻的数字化复制经历了从单尊造像复制到大型龛窟整体等比例复制的过程，最终在利用三维激光扫描、摄影测量三维重建技术、新型打印材料技术、色彩复原技术方面得以定型，实现了高精度、高还原的技术标准和审美需求。利用这种数字化复制技术制作的展品，先后在金沙遗址博物馆、苏州博物馆、四川美术学院美术馆、中国国家博物馆等地展出，获得一致好评（图11）。二是虚拟场景搭建，以三维扫描获取的大足石刻三维模型为基础，对龛窟造像进行数字复原，并通过VR、AR等技术设备，实现观

图 11　数字化复制的大足北山第 245 龛在中国国家博物馆展出

众与虚拟石窟场景的交互体验；或是将其融入游戏场景，提供丰富精美的细节、逼真的现实体验。三是基于三维数据的艺术再创作，大足石刻博物馆基本陈列展制作的创意视频《一沙一世界》，利用三维建模的点云数据，采取多角度投影，使点云图像获得了一种禅意般的艺术生命力。四是新视觉下的影视呈现，从 360 度围绕的环幕影院到 4K 宽银幕、8K 球幕，从实景拍摄到历史场景的情景再现、类实景拍摄，由现实空间转换成的数字空间被应用于影视拍摄，大大提高了拍摄的技术水平，使观众获得了全新的视觉感受和体验。

二、科技创新发展存在的问题和不足

当代科技处于日新月异的变革之中，大足石刻在推动科技创新引领发展的过程中，也存在科研人才短缺、创新理念滞后、科研成果转化率不高等缺陷和短板。具体表现如下：

（一）文物保护方面

在文物保护勘察研究阶段，由于一般的岩土工程勘察规范往往无法完全满足文物保护工程设计精度要求，缺乏对病害原因进行系统的分析和研究，为文物保护工程设计和精细化施工提供技术支持不足。

在文物保护的本体修复阶段，大足石刻保护专业技术人员数量和技能储备不足，针对主要病害开展的研究与修复工作数量和质量有限，风化加固、生物病害防治等关键技术尚未取得突破性进展。

在文物保护的水害治理过程中，石窟岩体裂隙水害渗流通道难以实现精准探测，水害形成机理并不完全清楚。石窟岩体裂隙水害治理方法缺乏系统性总结，治理效果缺乏评估体系。

（二）文物传承利用方面

数字成果应用不足。在大足石刻文物保护、考古研究和传承利用的过程中产生了大量三维数据，形成了大足石刻的数字资产，但这份资产或因利用不足而沉睡在数据库中；或因原初的数据采集意图与后续应用目的不一致，导致数据无法通用；或因技术的进步，产生了更新、更精准的数据。

利用形式的多样性不足。在数字化复制、VR、游戏及艺术再创作等方面，大足石刻更多地进行的是"点"式尝试，尚未从"面"上铺陈开，没有形成集聚效应。

利用成果的艺术性、创意性有待进一步提高。随着观众文化品位的提高以及网络海量资源的冲击，单一的文物高精度复制已不能满足观众快速提升的审美需求，更具艺术性、更具创意的表达形式更能得到观众认可，也更能体现出传统文化资源在当代语境下的活力。

三、科技创新发展的相关建议和对策

2021年10月，国务院办公厅印发《"十四五"文物保护和科技创新规划》，2021年11月，国家文物局印发《"十四五"石窟寺保护利用专项规划》，进一步强调了文物科技促进石窟寺保护利用的重要性和必要性，指明了科技创新与石窟寺保护利用的发展方向和路径。大足石刻研究院将全面贯彻落实新发展理念，按照上述要求，抓住石窟寺保护利用的关键环节，不断深化多学科交叉联合，促进科技成果的高效转化，全面提升石窟寺文物保护利用科技水平。

（一）持续推进石窟寺保护创新的建议

1.关于石窟寺载体保护

岩体稳定性治理工程需要实现动态化勘察，尊重循序渐进的科学规律，治理工程中增加施工勘察，及时发现新的稳定性隐患的同时，检查验证前期勘察结论，既解决新的安全隐患，也避免过度干预。

勘察过程中需要增加研究部分工作内容，针对不同的文物保护工程勘察特点，加强原位测试和无损及微损检测技术的适用性研究和研发。

文物载体的水害治理需要开展微损或无损探测手段在石窟岩体裂隙渗流通道中的应用研究，实现精准探测。需系统总结水害治理工程的成果，开展水害形成机理的研究，水害治理方法的适用性研究，各种治理效果评估方法的应用研究，建立评估体系标准。

2. 关于石窟寺本体修复

修复材料：目前应用于大足石刻文物本体保护的大多为有机材料，但随着时间的推移，有机材料失效后会不利于石质文物的长期保存。因此，环境友好型的石质文物无机材料及传统材料有待加强研发和应用。

保护设备：在风化石质加固工作中，对加固深度和强度难以把握，虽采用了部分科技手段对其进行检测，如 X 射线探伤、回弹仪等，但仅仅局限于修复对象表面和浅表层，难以对其内部进行定性和定量测试。为此，有待研发专门针对石质文物科技保护的高精度施工与检测设备。

保护工程与评价：在大足石刻保护修复施工中缺少规范的质量控制标准及检测标准。因此，应该针对工程性质，构建与之对应的质量控制体系和评价标准。

传统技术与现代科技的融合：传统技术的核心大多集中在其工艺技巧上，应加强传统技术研究，挖掘传统修复工艺中的技巧，对现代的文物保护技艺、装备的启发。同时，将新材料引入传统技术可以提高传统工艺的技术水平，将传统工艺融入现代技术可以提高现代技术的保护效果。

3. 关于石窟寺监测

针对当前石窟寺遗产的监测现状，需加强和完善日常监测管理工作，开展石窟寺监测数据的关联性和规律性分析研究，提高石窟寺监测数据的转化利用率，探索和构建石窟寺遗产监测方法及理论体系。

4. 关于石窟寺考古科技应用

大足石刻考古测绘兼用了三维扫描和多基线近景摄影技术，两者互为补充，显著提高了石窟寺考古测绘的功效。可以在石窟寺考古中推广发展这种技术兼容方式，并深化完善系统功能板块设置，满足考古信息采集管理、综合分析及数字考古研究的需求。

（二）创新深化石窟寺活化利用的建议

进一步加大和规范石窟寺数据库建设，由于数据采集意图的差异、技术更新迭代的发展趋势，需要广泛收集或采集不同类型的数据，促进大数据库功能和运行的完善，为合理利用提供数据支撑。

充分利用融媒体、云展览、数字化等现代科技手段，创新拓展石窟寺在陈列展览、媒体传播的方式手段，传播石窟寺文化艺术价值，讲好石窟寺故事，传承弘扬中华优秀传统文化。

充分挖掘石窟寺历史文化内涵，深化研究阐释，实现传统与现代的碰撞交融，促进石窟寺文化的多元表达。同时，依托现代科技手段，推进艺术与科技共融共生，在当代语境下实现多元表达和艺术再现。

博物馆社会教育与科技应用的实践和思考
——以重庆红岩革命历史博物馆为例

重庆红岩革命历史博物馆　李　丹

摘　要： 博物馆是中华优秀传统文化的展示平台，是传承发展中华优秀传统文化的重要公共文化机构，对实现社会教育职能和坚定文化自信有着重要作用。在科技飞速发展的新时代，运用数字信息等先进技术拓展博物馆社会教育新路径是博物馆工作的重要一环。红岩博物馆深入探索和实践，是革命类博物馆新技术应用的典型代表。

关键词： 科技　社会教育　红岩博物馆

科技是国家强盛之基，创新是民族进步之魂。党的十八大以来，习近平总书记高度重视科技创新，围绕实施创新驱动发展战略、建设创新型国家提出一系列新思想、新论断、新要求。国务院办公厅也发布《"十四五"文物保护和科技创新规划》，提出开展文物科技创新要求。当前，新一轮科技革命和产业变革加速演进，谁牵住了科技创新这个"牛鼻子"，谁就能抢占先机、赢得优势。在此背景下，博物馆如何与时俱进将科技与博物馆相结合，充分发挥社会教育、文化传播功能，是需要不断探索和思考的问题。

推进科技与博物馆社会教育的融合发展，就需要创新博物馆文化传播方式，充分运用信息技术、互联网、多媒体、新媒体等技术手段通过网上展馆、远程网络教育和文化信息资源共享工程等，让博物馆文物活起来，让博物馆文化成果惠及更多民众，起到真正的资政育人作用。

近年来，重庆红岩革命历史博物馆（以下简称"红岩博物馆"）实施创新驱动战略，推动科技与文物、旅游、教育、产业等各领域、多方位、全链条深度融合，特别是在科技与社会教育方面进行了有效的探索和实践。

一、红岩博物馆科技创新实践

（一）开展多元化展示技术研究，丰富社会教育形式

现代技术的发展，为展览展示提供了新材料、新技术、新方法，科技手段正从不同维度深刻影响着博物馆教育服务供给能力，也为博物馆满足观众需求提供了更多新的可能和选择。近年来，红岩博物馆创新展示模式，以"博物馆＋现代科技"科学阐释红岩文化，提升了展示水平，丰富了教育形式。

一是依托先进技术提升布展效果。通过科技手段，虚拟现实风潮正融入全球各个行业，VR、AR、MR 等技术也逐渐走进各大博物馆。红岩博物馆以革命文物为基础，以红岩历史为内容，打造智慧展览。充分整合三曲面多通道投影、AR 展示、VR 展示等技术，打造了《红岩记忆》数字体验厅，制作了毛泽东书写《沁园春·雪》全息影像、《愈炸愈强》《西迁》裸眼 3D 影片；利用双曲三维穹幕技术，生动展示"周恩来过 45 岁生日，书写《我的修养要则》"等场景；运用大屏交互、人机互动、红外触控等数字展示与系统集成技术，打造《周恩来和他的朋友们》数字展示交互平台，使油画《周恩来和他的朋友们》"动"起来，将画中的历史人物、空间设计与数字展示技术完美融合，为公众提供鲜活、丰富、多元的深度观展体验。

二是依托网络技术构建"云展馆"。依托局域网、互联网技术平台，利用 720 度全景技术、HDR 技术、H5 编码技术、3D 技术等，实现终端内容集成，基于博物馆实体展厅、展馆、展品高清全景影像数据，建成了网上展馆，完成了三大主题陈列馆、红岩村景区的 720 度全景漫游和文物的 360 度环拍，打破文物传播范围的限制，让公众在网络上实现身临其境的参观体验。同时，将传统展览内容进行梳理转化，以数据化形式与电子杂志阅读技术相结合的形式，制作了数字展览 47 个，增强了展览的可视性、互动性、参与性。

三是依托高新技术培育展示新品。依托高新技术培育类似动漫游戏、视听新媒体等新兴文化业态，催生更多文化产品，是丰富博物馆展示方式的一大举措。红岩博物馆结合公众认知特点，将历史故事数字化展示，推出了《小萝卜头》数字创意动画，《我是小萝卜头》互动电影游戏等。打造数字化实景演出剧目——《歌乐忠魂》，采取增强现实技术将真实世界信息和虚拟世界信息"无缝"集成，展示革命者在狱中与敌人英勇斗争的场景，让公众犹如亲临"狱中斗争"的现场。

（二）推出多样化线上特色活动，创新社会教育方式

微博、微信、快手、官网等新兴媒介已被大众熟知、认可，许多博物馆的社会教育工作都是依托这些新兴媒介开展的。近年来，红岩博物馆坚持创新宣传教育方式，利用独特红色教育资源和互联网多种传媒手段，不断拓宽宣教阵地和创新教育平台，开展了多样化的特色活动，提升了红岩精神宣传教育的覆盖面和影响力，发挥了网络宣教平台的教育功能。

一是持续发力，建设自媒体平台。自主成立"红岩融媒体中心"，构筑"官方网站＋微信公众号＋红村掌媒＋短视频＋……"多元化媒体宣传教育传播格局，打造立体网络宣传教育矩阵。建立红岩网、红村网、红岩微信公众号的"两网一微"联动教育平台，设置研究开发、公共教育等专栏，定期推送红岩小故事、艺术创作等，着力打造红岩网络教育"红色阵地"。

二是利用短视频、网络直播，使用户身临其境。当今社会，人们习惯通过短视频、网络直播等捕捉生活资讯，了解新兴文化。把握住视频时代博物馆话语权，就能最大程度激发公众对博物馆的兴趣。近年来，红岩博物馆以红岩历史文化和藏品为依托，结合短视频特点，拍摄了"红岩故事100讲"系列节目，通过短视频等形式，生动讲述了红岩故事，将原本平静、沉寂的历史资源转变成了生动、鲜活的立体形象。短视频《新华日报新刷机》还成功入选全国革命文物百佳讲述人作品。精心打造"红岩革命故事展演""寻找红岩发声人——红岩故事厅"等系列活动，在开展线下活动的同时，联动华龙网、红岩联线官网、凤凰网、重庆各区县融媒体等网络平台，开展同步直播，让红岩文化的触角延伸到千家万户，活动网络总点击量超1800万人次。

三是线上线下联动，开展祭扫活动。官方网站设置专栏，结合传统祭扫活动，线上线下联动开展"清明祭英烈""9·30烈士纪念日""11·27烈士殉难祭扫"等活动，让祭扫活动不受环境和地域限制，从而使红岩精神传播更加广泛、影响更加深远。

四是精心策划，打造红岩"云课堂"。云课堂是"教育＋互联网"的产物，它以网络为平台，以视频、直播为手段，在官方网站、微博、微信上传播，使得"云观众"可以足不出户畅学知识，深受广大公众喜爱。红岩博物馆立足红岩历史文化，通过聚合媒体、智能推送、5G等先进技术，向公众推出了博物馆"云课堂"线上平台，如在官方网站设置"影音在线"专栏，通过录制小课堂视频，讲述红岩历史、红岩故事。打造《传承弘扬红岩精神　初心使命永驻心间》等课程，通过5G网络进行远程授课。

（三）构建智慧化观众服务系统，提升教育服务质量

构建智慧化观众服务系统，实现精准、智能、互动模式，是提升教育服务质量的保障。近年来，红岩博物馆根据公众需求，通过科技手段，不断优化智慧服务系统。

一是建设票务预约系统。通过门户网站、移动端、微信等信息平台，为公众提供预约服务，减少了排队等候时间，实现限时限流参观，提升了公众参观质量和教育服务质量。

二是开发智慧导览系统。通过二维码扫描技术、Wi-Fi定位技术和电子阅读的功能等技术，构建起"红村游智慧导览（App/Web）"系统。利用3D投影、VR、AR、智能导览等技术，优化语音导览系统和AR智能讲解服务系统，提供优质的"云导览服务"。采用"定位""自动推送"功能，为游客推送附近景点的语音介绍和图片信息，或通过手机扫描二维码获取景点语音讲解和景点介绍。

三是打造互动体验项目。互动体验活动在博物馆发挥教育功能的过程中起着非常重要的作用。它可以提高观众的兴趣，调动其积极性，从而达到"传播教育"的作用。近年来，红岩博物馆利用3D、VR、AR等技术，创造沉浸式虚拟互动场景，为公众直观理解文物、了解历史创造平台。根据不同年龄段公众需求，结合科技手段，寓教于乐，开发了八处遗址3D虚拟漫游、夜游民国街、渣滓洞越狱的VR作品等，观众可佩戴专业VR设备实现与遗址内陈列物品的互动，身临其境地体验夜游民国街、越狱渣滓洞的惊险瞬间；同时，还制作了明信片AR、巴渝往事AR、与毛主席在一起AR、桂园和新华日报营业部旧址AR等虚拟场景，增强观众的互动参与兴趣，提升教育服务质量。

二、科技在博物馆应用中存在的困扰

科技的融合、应用是当前和未来博物馆开展社会教育工作的重要手段，但目前，科技在博物馆的运用中还存在一些现实的效果问题急需解决。

一是资金投入不够。博物馆的科技创新，增强了公众的体验感，提升了教育效果，但是科技创新需要有资金投入。信息化、智慧化设施设备以及新技术的引进和应用费用高昂，需要充足资金支持，但一般博物馆无法自行解决，资金来源受限。

二是专业人才缺乏。新技术应用的研发，新设备的使用、管理和维护需要具有数字化技术、文物保护知识、网络应用技术、电子数据技术的专业人才。但受资金、编制等影响，博物馆无法满足此类人才高薪要求，因此很难留住专业人才。另外科技与教育要完美结合，还需要有既懂技术又懂博物馆的专业人才来对陈列、展演、活动等和新技术的契合进行指导，但这类综合型人才很少。

三是科技设备运营成本高、浪费多。由于专业技术人才的缺乏，博物馆需要花费更多的资金购买设备维护、管理服务，从而增加了运营成本；也因缺乏专业人才，常常无法对科技设备使用进行提前谋划和合理规划，导致购买设备不兼容、不完善或设备使用效果无法与展教完美契合。

四是过度使用新科技。有的博物馆没有将公众的需求作为博物馆科技创新的着力点，而是盲目追求炫酷科技的单纯引入，过多过滥地运用科技手段，使观众过分沉浸于炫酷的场景体验，减少了对博物馆历史文化的思考，从而减弱了教育效果。

三、科技创新在博物馆社会教育工作中的应用建议

科技应用于博物馆是时代所需，我们应立足现实，有规划性、有针对性地进行科技创新。

一是要以规划设计为支撑。凡事预则立不预则废。提前开展整体规划和设计是博物馆开展科技创新的前提。要根据博物馆发展形态和发展路线的总系统来布局、规划。深入研究什么技术能解决什么问题，能为社会教育工作提供哪些服务，从而避免一味地堆砌技术手段、技术设备，却达不到预期效果。同时，也避免了在设施设备购买、使用过程中的重复、浪费。

二是以公众需求为导向。博物馆的教育服务对象是公众，新技术、新科技的引进、创新也应以公众需求为导向。博物馆在应用科技手段开展社会教育时应思考如何应用 AR 技术、VR 技术、全息技术等先进技术，将公众由单纯的参观者转变为参与者，提供互动机会，从而提升对博物馆的体验感，让博物馆的教育功能充分发挥。

三是要以实用技术为目标。高新技术手段更新换代快，且形式层出不穷，其对博物馆教育功能的影响是显而易见的，如何把握好度是关键。科学技术运用合理，手段先进，展览效果越好，宣传教育效果就越明显。但是要注意实用性，立足博物馆实际，深入思考、充分论证使用什么先进技术，以什么方式让科技存在于无形之中，又能将公众、展品、环境、教育融为一

体，整体协调，避免干扰观众的视线和思维。

四是要以新媒体为媒介。要充分运用博客、微博、微信、BBS 论坛、快手、抖音、短视频、5G 直播、学习强国 App 等新兴媒介，开展"讲文物故事抖音创意视频大赛"、文物故事讲堂等活动，全方位、全覆盖地进行文物展示传播，从而实现"裂变式"传播，用数字化展示手段让革命文物"活"起来。

参考文献

1. 林彦平：《南昌八一起义纪念馆红色研学资源与新媒体技术应用的实践与思考》，《中国纪念馆研究》2020 年第 2 期。

2. 蔡文东、莫小丹：《智慧博物馆的建设经验及其对智慧科技馆建设的启示》，《中国博物馆》2020 年第 1 期。

3. 李骜：《多媒体技术在博物馆教育中的应用》，《科技传播》2020 年第 12 期。

4. 朱磊：《5G 技术在博物馆领域的应用初探——以中国（海南）南海博物馆为例》，《中国博物馆》2020 年第 4 期。

四川大遗址保护的实践与思考

——以成都片区及三星堆遗址为例

四川省文物局　何振华　王　林　陈　伟

　　摘　要： 四川文物工作深入贯彻新发展理念，在成都平原大遗址保护利用中积极开展创新实践，从创设机构、立法、规划、资金筹措、项目建设、考古等方面探索出一条符合国情省情、顺应时代要求的新发展道路。其中也存在着认识偏差、政策薄弱、基础工作不完善等问题。针对这些问题，就全面贯彻新发展理念提出思考和建议。

　　关键词： 新发展理念　三星堆遗址　保护利用

　　创新、协调、绿色、开放、共享的新发展理念，是习近平总书记在党的十八届五中全会第二次全体会议上提出的，是管全局、管根本、管长远的导向，具有战略性、纲领性、引领性，是习近平新时代中国特色社会主义思想的重要内容。新发展理念指明了今后很长一段时间内我国的发展思路、发展方向和发展着力点，文物工作要深入理解、准确把握其科学内涵和实践要求，从根本上调整不适应、不适合甚至违背新发展理念的认识，彻底摒弃违背新发展理念的做法。大遗址保护工作周期长、牵涉范围广、影响深远。四川大遗址保护积极探索新的工作方法，用新发展理念指导工作，其中，成都片区大遗址保护、三星堆遗址保护利用在面、点上取得较为突出的成效。

一、大遗址保护践行新发展理念

（一）成都片区与三星堆大遗址基本情况

　　成都平原大遗址保护工作经历了一个由点到线，由线到面，逐步壮大，最终形成片区保护的发展历程。金沙遗址、成都古蜀船棺合葬墓、邛窑遗址、成都平原史前城址、明蜀王陵墓群曾先后被列入国家大遗址保护

"十一五""十二五""十三五"专项规划。2020 年，成都平原史前城址、金沙遗址被列入《大遗址保护利用"十四五"专项规划》150 处重要大遗址名单。目前，成都市公布了大遗址保护名录共 24 处 35 个遗址点，涉及 15 个区（市）县，遗址总面积超过 20 平方公里。

三星堆遗址位于四川省广汉市三星堆镇，遗址分布面积约 12 平方公里，核心区域为三星堆古城，面积约 3.6 平方公里，是四川盆地目前发现夏商时期规模最大、等级最高的中心性遗址。1988 年，三星堆遗址由国务院公布为全国重点文物保护单位。2010 年，三星堆成为国家文物局授牌的首批国家考古遗址公园，被列入"十二五""十三五""十四五"时期国家大遗址名单。2019 年，三星堆遗址入选首批国家文物保护利用示范区创建名单，是六项中唯一的遗址类。

（二）保护利用工作成效

1. 完善机构机制

创新实践"高位推动、省地共建"的协调推进工作机制。2012 年 8 月，成都市政府成立了主要领导任组长，分管副市长任常务副组长，市政府副秘书长、市文物局局长任副组长的成都市大遗址保护工作协调小组，市级有关部门为领导小组成员单位，协调小组办公室设在市文物局，市文物局局长兼任办公室主任。协调小组的成立为成都市大遗址保护工作提供了管理体制保障。

2021 年，三星堆遗址设立三星堆遗址景区管委会，探索复合型管理模式，建立多部门协调管理机制。省级层面建立了由分管省领导任组长、副组长，20 余个省级部门负责人及成都、德阳、广汉党政主要负责人全面参与的四川广汉三星堆国家文物保护利用示范区创建领导小组，实行领导小组统筹、省文物部门业务指导、县级主体落实，形成"决策层、协调层、执行层"合力推进的工作机制。

2. 建立法规体系

2012 年，成都市政府颁布《成都市大遗址保护管理办法》。2021 年，成都市文物局会同市司法局启动《成都市大遗址保护条例》立法，目前立法草案已完成市人大初审，待该部条例出台，将是全国副省级城市中首部关于大遗址保护管理的综合性法规。

2021 年，四川省人大常委会第二十九次会议通过了《四川省三星堆遗址保护条例》。条例注重与申遗相关国际公约相协调，其中扩大社会参与、注重知识产权保护等内容是条例的亮点，为三星堆遗址保护贯彻实行创新、协调、绿色、开放、共享的新发展理念提供了法律保障。

3. 加强规划引领

在《"十二五"国家重要大遗址保护规划纲要》的框架下，成都市文广旅局（市文物局）委托清华大学城市规划设计研究院等资质单位编制大遗址保护成都片区总体规划以及多项遗址专项保护规划和环境整治方案。2015年，《大遗址保护成都片区总体保护规划》编制完成，并于2020年完成规划中期实施评估。目前，宝墩遗址、古城遗址、芒城遗址、金沙遗址、成都水井街酒坊遗址、王建墓、孟知祥墓、邛窑遗址的保护规划已经省政府公布实施，明蜀王陵、双河遗址、紫竹遗址、朱悦燫墓、玉堂窑遗址保护规划已编制完成待审批公布。

四川省文物局指导组织广汉市编制了《四川广汉三星堆国家文物保护利用示范区建设实施方案》（以下简称《方案》）并获得国家文物局批复同意。按照《方案》内容，示范区创建工作将着力建设多学科融合、科技考古先导试验区，实施考古遗址系统性保护，以此为契机深入贯彻新发展理念，探索建立共建共营共享的大遗址保护利用的新发展模式，以三星堆国家文物保护利用示范区的示范引领作用，推动实现成都都市圈文化旅游深度融合发展。

4. 创新考古工作模式

三星堆遗址考古工作秉持"课题预设、保护同步、多学科融合、多团队合作"的理念，联合中国社会科学院考古研究所、北京大学考古文博学院等国内39家单位从2019年10月开始对三星堆遗址祭祀区进行全面考古勘探与发掘，在此过程中新发现6座"祭祀坑"。截至目前，6座"祭祀坑"已经出土编号文物11000余件。三星堆遗址考古和研究充分运用现代科技手段，构建了多学科交叉工作团队，为田野考古、实验室考古、科技考古、文物保护深入融合提供了示范，形成了体现中国特色、中国风格、中国气派考古学的三星堆范式。

2008年，成都市文物局率先实行考古前置制度，全市新供地项目在土地供应前必须提前完成考古勘探发掘工作，此为全国首创。2017年，按照《成都市工程建设项目审批制度试点改革方案》的工作要求，成都市在全国范围率先建立工程项目考古勘探并联审批制度，由文物部门独立对工程项目进行考古勘探发掘行政审批。考古前置制度的建立健全有效地保障了全市地下文物安全，同时涉及成都市大遗址保护区划的工程项目在经文物部门审批同意后，还需按照成都市考古勘探发掘相关规定在考古工作完成后再进行施工建设，极大地促进了成都市大遗址的保护和监管。成都市基本建设考古前置工作方式受到国家文物局高度肯定，被称为考古工作"成都模式"，并在全国范围积极推广。

5. 强化经费保障

成都片区大遗址积极争取国家文物保护利用专项资金，截至目前，累计申请国家大遗址保护专项经费 3 亿元。同时为加快推进大遗址保护各项工作，科学规范有序地推动大遗址保护成都片区项目，成都市文物局与市财政局沟通协调，成都市文物保护工作经费自 2022 年起增至每年 5000 万元，成都大遗址保护工作经费被列入文物管理部门文物保护工作经费预算，每年经费投入将在 600 万元以上，主要用于开展大遗址保护培训、调查、成果编制等相关基础工作。

三星堆在经费保障方面，秉持开放、共享的新发展理念，积极探索全社会资金筹措机制，建立稳定投入长效机制。地方政府完善投融资平台，创新投融资渠道，积极争取发行专项债券，将示范区重点项目申请纳入国家专项债券库。推动政策性银行融资，组建三星堆文旅发展有限公司，与农业发展银行、国家开发银行等政策性银行合作申请授信贷款。鼓励社会资本参与，研究制定社会资金进入退出机制。

6. 强力推进保护展示

成都市以政府为主导，科学规划，有序推进金沙遗址、邛窑遗址、宝墩遗址等基础设施建设工作。市政府投入 3.98 亿元专项建设资金建成金沙遗址博物馆，博物馆占地面积约 30 公顷，建成遗迹馆、陈列馆、文物保护中心、园林区，于 2007 年正式开馆运行。邛窑考古遗址公园建成并于 2018 年 5 月正式向公众开放，遗址公园规划面积约 33 万平方米，由遗址展示区、博物馆、生态公园三部分组成，总计投入 3.88 亿元，其中争取国家、省级资金 1.08 亿元，邛崃市投入 2.8 亿元。2017 年，邛窑考古遗址公园进入第三批国家考古遗址公园立项名单，目前正积极申报第四批国家考古遗址公园。新津区投入 3.2 亿元在宝墩遗址范围内启动"拆院并院"项目，将遗址保护范围内村民集中安置在万街新型社区，目前宝墩遗址内城的拆迁已全部完成，同时投入 4000 万元在宝墩遗址内城修建宝墩遗址展馆和宝墩遗址考古工作站。宝墩遗址工作站于 2021 年投入使用，包含学术研究中心、科研工作区、展示陈列区等主要区域，既满足日常科研需求，又成为对外展示、宣传宝墩文化的窗口。宝墩遗址展馆于 2022 年 1 月 21 日正式向社会开放，其展陈内容得到了专家学者和人民群众的高度评价，有力地促进了宝墩文化的社会传播，进一步提升了城市影响力。在基建管控方面，自 2018 年起，成都市建立健全大遗址保护提前介入城乡建设的工作机制，24 处大遗址完成地理信息测绘并纳入国土空间规划和城市控制性规划，凡涉及大遗址的工程项目，在施工建设前必须开展文物影响评估工作并取得文物部门审批同意，确保大遗址保护区划内的工程项目得到有效监管。

广汉市政府大力推动三星堆国家文物保护利用示范区建设，推动实施示范区文物本体保护、环境整治、保护性设施建设和重要遗址遗迹展示工程。投入 6500 万元对博物馆现有两个展馆实施基本陈列改造和基础设施信息化升级，综合馆改陈已完成并对外开放，受到社会广泛赞誉。三星堆考古与文物保护修复中心建成开放，对公众展示出土文物修复保护，成为热门参观点。三星堆博物馆新馆建设加快推进。对保护区范围内已存在的影响文物安全、与三星堆遗址历史风貌和周边环境不协调的建（构）筑物进行拆迁治理。投入 8 亿元启动三星堆大道改扩建工程，打通从高速公路广汉出口到三星堆博物馆的快速路；投入 1600 万元实施博物馆至考古发掘现场沿线生态环境整治。天府大道北延线工程正建设，三星堆遗址周边交通体系得以优化提升。

二、存在的问题

目前，大遗址保护存在的问题主要有以下几个方面：

（一）地方政府核心主导作用发挥尚不够充分

比如目前进入成都市大遗址保护名录的共有 24 处 35 个遗址点，涉及 15 个区（市）县，仅有 6 个区（市）县成立了专门领导小组推进机构，一些地方政府在认识上存在偏差，未能充分认识到大遗址保护利用工作是弘扬优秀历史文化的重要途径，未能正确处理好大遗址保护与利用的关系，重利用轻保护，重开发轻管理，导致遗址的真实性、完整性受到破坏。

（二）支持大遗址保护工作的相关政策尚不完善

大遗址占地面积很大，在实施保护和展示工程中，对居民赖以生产生活的土地问题如何解决，如何结合新农村建设搬迁安置居民，生产方式如何转变，目前仍缺乏相关的指导意见与配套政策。

（三）部分大遗址的基础工作尚不完善

目前仍有部分大遗址保护规划未编制或公布，保护区划未明确。部分大遗址尚未建立科学完善的管理机制。

（四）大遗址展示利用还需进一步探索

大遗址多位于郊区、农村，在提升大遗址保护、展示、利用水平和创新模式方法上，尚需探索出一条文旅深度融合、助力乡村振兴及区域经济社会发展的大遗址保护利用的新路径。

三、大遗址保护贯彻新发展理念的对策与建议

随着中国特色社会主义建设进入新时代，在新发展阶段完整、准确、全面贯彻新发展理念，需要在机制创新、学术成果转化、文旅融合、文化产业开发等诸多领域共同发力。

（一）要深刻理解新发展理念的科学内涵

新发展理念要落地生根、变成普遍实践，关键在各级领导干部的认识和行动。习近平总书记强调，党员干部特别是领导干部要提高贯彻新发展理念的能力和水平，成为领导经济社会发展的行家里手。通过示范引领让干部群众感受到新发展理念的真理力量，对贯彻落实新发展理念进行科学设计和施工，善于通过改革和法治推动贯彻落实新发展理念。努力提高统筹贯彻新发展理念的能力和水平，加快形成落实新发展理念的体制机制。

（二）要认真学习领会文物领域有关新发展理念的政策法规和文件精神

2021 年 12 月，国家文物局发布《关于文物领域贯彻新发展理念落实绿色低碳发展举措的通知》，大遗址所在地政府及各级文物行政部门应认真学习有关文件精神，增强绿色低碳发展的政治自觉，坚持节约优先，提高文物领域节能降碳水平，健全规划引导与政策保障机制，在新发展理念的指导下加强大遗址保护利用。

（三）要切实将新发展理念贯彻落实到实际工作中去

大遗址保护利用要牢牢把握创新、协调、绿色、开放、共享的新发展理念，要确定并进一步落实"考古先行、强化研究、开放共享、守正创新"的发展思路，加快划定大遗址保护区划，编制大遗址保护规划。以系统调查为依托，科学有序开展考古勘探与发掘工作；以研究为基础，提升考古能力与保护水平；以考古成果为支撑，完善遗址保护展示体系；以创新机制为保障，推动大遗址可持续发展；以文化新经济理念为先导，创新业态、多产融合；以智慧为引领，优化遗产管理和公共服务设施。创新共建共享共营的大遗址与社区协调发展模式，借鉴世界遗产可持续发展策略，关注遗址保护展示区内的居民利益，关注大遗址保护与社区、农村发展的关系。依靠研究成果，深入挖掘大遗址的文化内涵，努力建设"以价值转化为核心、产业升级为路径"的文化旅游深度融合试验区，推动大遗址科学保护与可持续展示利用，让大遗址活起来、传下去。

四、结语

大遗址是国家历史的见证，是民族珍贵的文化资源，一旦破坏就不可再生。新发展理念就是指挥棒、红绿灯，符合我国国情，顺应时代要求，对破解发展难题、增强发展动力、厚植发展优势具有重大指导意义。大遗址保护管理者要担当起历史使命，深入学习贯彻新发展理念，统筹做好大遗址的保护与利用、保护与发展，推动大遗址融入现在生活，在传承中华优秀传统文化、促进经济社会高质量发展等方面充分发挥重要作用。

注：四川省文物考古研究院、成都文物考古研究院、三星堆遗址管委会为本文提供材料。

参考文献

1.《新发展理念引领发展新时代——关于树立创新、协调、绿色、开放、共享发展理念的对话》，人民网 2016 年 8 月 2 日。

2.《以新理念把握引领新常态》，《人民日报》2016 年 1 月 22 日。

3.《新发展理念引领新常态——创新发展》，强国号 2021 年 9 月 4 日，蔡昉、张晓晶著：《构建新时代中国特色社会主义政治经济学》，中国社会科学出版社，2019 年。

4.《新发展理念引领新常态——协调发展》，强国号 2021 年 9 月 5 日，蔡昉、张晓晶著：《构建新时代中国特色社会主义政治经济学》，中国社会科学出版社，2019 年。

5.《新发展理念引领新常态——绿色发展》，强国号 2021 年 9 月 6 日，蔡昉、张晓晶著：《构建新时代中国特色社会主义政治经济学》，中国社会科学出版社，2019 年。

6.《新发展理念引领新常态——开放发展》，强国号 2021 年 9 月 8 日，蔡昉、张晓晶著：《构建新时代中国特色社会主义政治经济学》，中国社会科学出版社，2019 年。

7.《新发展理念引领新常态——共享发展》，强国号 2021 年 9 月 9 日，蔡昉、张晓晶著：《构建新时代中国特色社会主义政治经济学》，中国社会科学出版社，2019 年。

8.《以新发展理念引领发展》，《人民日报》2016 年 4 月 29 日。

贯彻新发展理念，推动陕西大遗址保护利用高质量发展

陕西省文物局

摘　要： 陕西文物工作深入贯彻新发展理念，在大遗址保护利用中积极开展创新实践，在总结、梳理大遗址保护利用工作实践的基础上，探索出了大遗址保护与当地经济社会发展相结合、与当地群众生活水平提高相结合、与当地城乡基本建设相结合、与当地环境改善相结合的理念，并针对大遗址分布和管理需求等不同情况，创造出"国家公园模式""集团运作模式""市民公园模式""民营资本投资模式""退耕还林模式"五种大遗址保护实践模式。近年来，根据省情提出探索实践大遗址保护利用的新思路、新理念、新举措，其中也面临着诸多问题。针对这些问题，就全面贯彻新发展理念提出思考和建议。

关键词： 新发展理念　大遗址　保护利用

陕西是中华民族和中华文明的发祥地之一，文明史源远流长，文化遗产浩如烟海。在 20.58 万平方公里的三秦大地上，分布着各类文物点 49058 处。包括全国重点文物保护单位 270 处，省级文物保护单位 1097 处。在国家文物局《大遗址保护利用"十四五"专项规划》中，由国家主导保护的 150 处大遗址中陕西有 18 处（53 个点），大遗址西安片区是国家纳入重点支持的 6 个大遗址片区之一。

一、陕西大遗址基本情况

大遗址是陕西文化遗产宝库中最重要的组成部分，并具有突出的特点：

一是分布广。全省 108 个市县都有遗址分布，特别是在关中地理位置优越、自然条件好、经济发达的地区尤为密集。

二是数量多。在全省不可移动文物资源中，古遗址 23453 处，占陕西省不可移动文物数量的近 1/2。

三是面积大。特别是西安市内保存的周丰镐遗址、秦阿房宫遗址、汉长安城遗址和唐大明宫遗址是中国历史最负盛名的四个王朝的都城遗址，总面积达 108 平方公里。秦始皇陵、汉代帝陵（11 座）、唐代帝陵（18 座）等 30 座帝王陵墓的陵园遗址，占地都在几平方公里到十几平方公里。

四是种类全。陕西大遗址包括了古代中国政治、经济、文化、社会生活的方方面面，内涵非常丰富，展示和体现出了完整的中国文明史。

五是等级高。我国古代文化发展鼎盛时期的周、秦、汉、唐的都城遗址以及帝王陵寝基本分布在陕西，其地上、地下的建筑遗址、遗迹和文物，均是当时科技、文化发展最高水平的典型代表，是当时中华文明辉煌成就的典型代表，具有很高的历史、文化和科学价值。

二、陕西大遗址保护工作的主要成果

多年来，陕西省委、省政府一直十分重视陕西大遗址保护工作。早在 20 世纪 70 年代，为了保护汉长安城遗址的完整性，省政府、西安市政府就否决了当时的第二汽车制造厂选址在汉长安城遗址的计划。20 世纪 90 年代，规划建设的西安绕城高速公路北段原设计横穿汉长安城遗址，在文物、交通、规划等部门的努力下，省、市政府以大遗址保护为重，果断决策，修改原设计，将西安绕城高速公路北段方案避开汉长安城遗址区，为此，在当时条件下增加建设投资 2 亿多元。正是各级政府的高度重视，才使西安及全省的大遗址得到了完整的保护，为陕西乃至全国和全人类保护了珍贵的文化遗产。

20 世纪 90 年代初，陕西文物保护管理部门与西北大学有关专家学者就指出大遗址保护面临的主要矛盾是"传统的、单一的、限制性的绝对保护模式与遗址区域内群众发展经济、提高生活水平之间的矛盾"，提出了大遗址区要调整产业结构、发展观光农业的对策。在不断的实践中，陕西省探索出了大遗址保护与当地经济社会发展相结合、与当地群众生活水平提高相结合、与当地城乡基本建设相结合、与当地环境改善相结合的理念，并结合"四个结合"新理念，针对大遗址分布和管理需求等不同情况，创造出"国家公园模式""集团运作模式""市民公园模式""民营资本投资模式""退耕还林模式"五种大遗址保护实践模式，明确了大遗址保护与利用工作的思路和方法。

"国家公园模式"以陕西省文物局组织实施秦始皇陵遗址公园为代表。由国家投入资金用于大遗址的保护与管理工作，通过国家的初始资金投入，有效地解决大遗址保护启动资金不足、基础工作薄弱、保护利用水平低、设施环境差、缺乏投资吸引力的困境。国家资金的投入，可以确保大遗址的有效保护和社会服务功能，同时可以通过后期的运营收入逐年收回投入资金。

"集团运作模式"以西安曲江新区管委会组织实施的大明宫遗址公园建设为代表。通过政府引入企业集团在投资对遗址的本体区域实施保护工程和环境优化美化的同时，政府授予企业集团获得周边一定区域的土地开发权，通过大遗址周边区域的土地开发和商业运作，使企业集团获得其应有的利益回报，弥补其对大遗址保护资金的投入。

"市民公园模式"以西安市高新技术开发区和曲江新区管委会实施的唐长安城延平门遗址公园、曲江遗址公园为代表。作为主体投资方，投入大量资金用于大遗址保护项目和周边环境的优化美化，并作为城市绿地和市民的休憩场所向公众免费开放。因大遗址本体环境的优化美化所形成的遗址周边的文化效应和环境效应，大大提升了周边区域的土地附加值。当地政府利用周边区域的土地转让、房地产开发等市场化运作，间接获得因大遗址保护和环境改善所产生的经济价值和收益回报。同时，也改善了城市面貌，提升了城市文化品质。

"民营建设模式"以大唐西市置业有限公司实施的唐长安城西市遗址为代表。通过引导和扶持民营企业参与到唐长安城西市遗址保护项目中，鼓励民营企业先期投入资金实施大遗址保护项目。民营企业可以通过对周边区域进行商业开发，以获得其投资利益回报。

"退耕还林模式"以西安市雁塔区政府实施的汉杜陵遗址公园为代表。利用国家退耕还林的各项优惠政策，使用国家退耕还林的生活补助经费保障遗址区群众的基本生活。同时，引导遗址区内群众将土地全部退耕还林，调整农业产业结构，在遗址区内发展高效经济林木和花卉产业，既绿化美化了遗址区整体环境，又减少了群众农业生产对遗址的破坏，还保障和提高了群众生活水平。

2012 年以来，先后投入资金 8.2 亿元，实施了秦始皇陵、汉长安城、大明宫、西汉帝陵、唐代帝陵等大遗址的保护工程 80 余项，使大遗址得到了有效保护；秦始皇陵、汉阳陵、大明宫遗址、汉长安城未央宫遗址等 7 处大遗址被国家文物局公布为国家考古遗址公园，雍城遗址、杜陵、石峁遗址、统万城遗址、乾陵、周原遗址等 7 处大遗址进入国家考古遗址公园立项名单；组织完成了秦始皇陵、大明宫遗址、阿房宫遗址、汉长安城遗址、统万城遗址、唐桥陵、顺陵、耀州窑遗址等 22 项大遗址保护规划编制工作，其中秦始皇陵、汉长安城、乾陵、石峁遗址、阿房宫遗址等 14 项保护规划已经省政府公布实施。

近两年的重要成果有：

一是大遗址考古成果丰硕，其中霸陵的考古发掘，纠正了历史文献的失误，确定了汉文帝霸陵的陵位及其规模、布局和内涵，出土的大量珍贵文物，反映了"陵墓若都邑"、帝陵"模仿现实中的西汉帝国"的建设理念，证实了多民族文化的交流、碰撞与融合，见证了中华文明由"多元"到"一体"的历史发展趋势，国家文物局于 2021 年 12 月 14 日召开新闻发布会向公众公布，至此，西汉十一陵的确切位置完整确认。

二是积极实施文物保护项目。开展了秦始皇陵外城垣保护展示工程、汉长安城城墙西北角遗址保护修缮及围栏防护工程、秦雍城秦公一号大墓坑壁保护修缮工程、秦兵马俑一号坑展厅整体改造提升工程等。

三是加快提升大遗址展示利用水平。积极推进秦始皇帝陵铜车马馆建设，铜车马馆于 2021 年 5 月 18 日国际博物馆日正式开放。

四是加快汉长安城国家大遗址保护特区建设。指导西安市文物局拟定了《国家文物局陕西省人民政府合作共建汉长安城国家大遗址保护特区第三次会议方案（征求意见稿）》等方案。协调西安市政府和国家文物局，召开了汉长安城遗址保护工作视频会议，对建设方案进行汇报和充分讨论，为省部共建第三次会议奠定基础。

五是稳步推进石峁申遗工作。多次组织相关专家赴石峁遗址现场调研，召开申遗工作推进会，明确申遗工作的标准要求。提请省政府成立了石峁遗址申报世界文化遗产领导小组，指导榆林市政府成立了榆林市石峁申遗工作领导小组。拟定了《石峁遗址申报世界遗产工作方案（征求意见稿）》，为下一步申遗工作奠定基础。

面对大遗址考古新形势、新机遇和新问题认真研究，提出回眸百年考古史，立足新时代考古事业发展的考古工作"五化"原则，并积极探索实践：

一是考古研究科学化。坚持科学研究导向，针对陕西实际制定学术研究方向，鼓励考古学家、专业人员扎实做好历史文献研究，加强文化比较研究，扩大科研学术视野，运用科学新技术不断提升考古学科发展水平。真正使考古工作发挥"探索未知、揭示本源、实证文明、启迪未来"的作用，实证陕西在中华文明起源和发展中的作用和价值。

二是考古工作标准化。按照国家田野考古工作规程，科学制定技术方法、记录手段、样本筛选、信息收集分析等考古工作标准，不断提升考古工地的标准化水平，营造浓郁的学术氛围，将考古工地努力建设成"杰出人才聚集地，重大成果孵化地，智慧考古示范地"。

三是考古管理规范化。加大监督力度，明晰政府责任。建立了省级文物保护联席会议机制，各市相继出台加强文物保护利用改革实施方案；全面推广"先考古、后出让"的基本建设考古前置制度，进一步规范考古调查、勘探和发掘工作流程，强化考古工作的精细化管理，严格制度，预防风险，堵塞漏洞，行业治理体系和能力不断提升。

四是考古方法系统化。树立系统思维，融合社会科学、自然科学等学科，促进多学科交叉互补，开拓考古研究新领域，研究文物保护新技术，通过考古发掘现场等4家国家级重点科研基地带动，联合中国社会科学院考古研究所以及北京大学等近10所中外高校，开展多学科深入研究，融合现代科技手段，为努力建设中国特色、中国风格、中国气派的考古学做出陕西贡献。

五是考古成果普及化。坚持文化成果共享，拓展公众考古的方式方法，不断扩大公众考古教育和传播影响力；加强学科建设和考古成果转化，新建陕西考古博物馆，该博物馆是全国首座系统展示区域考古学史、技术方法理念和重要发现的考古专题类博物馆。

三、陕西大遗址保护面临的主要问题

2018年，中共中央办公厅、国务院办公厅印发了《关于加强文物保护利用改革的若干意见》，就加强新时代文物保护利用改革提出了意见。2020年，国家文物局印发《大遗址利用导则（试行）》，鼓励将大遗址的价值载体与意义积极融入当代生活，不断丰富内容、提升品质、服务民生。2021年，国家文物局印发《大遗址保护利用"十四五"专项规划》。这些政策的出台，对陕西大遗址保护和利用提出了新的要求。由于大遗址占地面积大，所以长期以来，大遗址保护面临很多问题，主要表现在以下方面：

一是地方政府尚未意识到大遗址保护的重要性，没有完全树立"保护文物就是政绩"的正确观念。在进行城乡建设、布置工业发展、开展大型基本建设时，忽视对大遗址的保护和协调发展，没有依法将大遗址保护纳入当地

经济社会发展规划。

二是大遗址保护和土地资源配置存在很大的矛盾。大遗址占地面积很大，遗址范围内用地性质复杂，很多土地直接被划定为永久基本农田，导致文物保护工程无法实施，大遗址无法得到有效保护。现行的土地制度无法约束土地流转交易造成的遗址资源保护用地缺失，土地集体所有农户承包经营的土地制度强化了农民对土地资源利用的市场导向，大遗址区内的经济发展落后于其他地区，导致大遗址区的经济行为主体趋向于土地资源收益的最大化而不是遗产资源的可持续性，加剧了遗址区内的文物资源保护用地转变为其他建设用地的可能性。

三是大遗址保护与经济社会发展的矛盾依然突出，由于文物保护的要求，遗址区域产业结构单一，群众生活水平较低，地方经济发展也受到制约，遗址区域内外经济发展差距很大。

四是大遗址保护管理体制不顺，突出表现为大遗址规格较高与保护管理层次过低的矛盾。另外，陕西省许多大遗址的范围都属于不同的行政辖区，有的范围跨不同的县区，导致各区域各自为政，在有关土地利用调整、产业结构调整、环境整治、人口搬迁和村庄改造等重大问题出现时，很难对遗址保护利用实行有效的统一管理。

五是大遗址保护涉及的管理部门未形成有效合力，文物部门主要负责文物主体的保护，相关的建设、环保、水利、交通、旅游等各行业部门之间协调性差，各自为政，导致大遗址保护措施无法落地。

六是大遗址保护缺乏国家专项政策的支持。大遗址保护工作牵涉众多部门和各方面利益的平衡与协调，针对遗址保护产生的征地、拆迁、移民、环境整治、土地资源配置、产业结构调整等问题国家至今尚未出台专项配套补偿政策，导致涉及大遗址保护及其规划方面的许多问题悬而不决。

七是部分大遗址的基础工作较薄弱，遗址区内的基础设施建设滞后、大遗址区内展示项目欠缺及展示水平不高，遗址区内及周边生态环境的破坏严重。

四、在大遗址保护利用中贯彻新发展理念的建议

（一）制定专项法规，为大遗址保护利用提供法律支持

国家层面制定《大遗址保护管理条例》，从法律上规定并督促各级政府履行大遗址保护的责任和义务，规范大遗址保护和利用行为。可根据实际情

况对各个大遗址独立立法，由省人大常委会制定并颁布专项大遗址保护管理条例，规范和指导遗址区的保护管理、土地使用、居民搬迁以及产业结构调整等工作，明确遗址保护区范围内的用地性质均为文物保护用地，继而进行相关的拆迁和安置。

（二）出台专项政策，为大遗址保护利用提供政策保障

大遗址保护涉及人口调控、征地、移民、拆迁、环境整治、土地利用调整、经济结构调整、产业结构调整等复杂问题，国家应该针对大遗址保护专门制定移民搬迁、土地利用、财政投入、审批审核等专项政策，特别是涉及大遗址保护的土地补偿政策、征地拆迁补偿政策、产业结构优化政策、相关产业税收优惠政策等，为大遗址保护中各项社会治理问题提供一个可操作的政策依据。

（三）做好空间管控，将大遗址保护纳入国土空间规划

2021 年 3 月，自然资源部、国家文物局联合印发《关于在国土空间规划编制和实施中加强历史文化遗产保护管理的指导意见》，明确要求将历史文化遗产信息纳入国土空间基础信息平台，对历史文化遗产及其整体环境实施严格保护和管控。历史文化保护线及空间形态控制指标和要求是国土空间规划的强制性内容，作为实施用途管制和规划许可的重要依据。按照国土空间规划的逻辑，在大遗址保护空间管理中，首先应依据文物保护规划和文物保护的需求，确定紫线，对紫线范围内遗址进行严格保护。同时，在其他用地的开发建设中，严格进行考古勘探，迁移占压在各类遗迹本体及重点保护范围内村落，确保文物古迹的安全性与完整性。其次是确定发展界线，框定建设总量，近期保证村庄原有规模，保证村民的基本生活，同时划定未来发展备用地和产业用地，为村庄未来产业发展和改造提升提供一定的空间。

（四）落实专项用地指标，增加大遗址区内的文物古迹用地面积

2020 年 11 月，自然资源部办公厅印发《国土空间调查、规划、用途管制用地用海分类指南（试行）》（自然资办发〔2020〕51 号），明确了文物古迹用地这一专门类别。应依据土地专项规划，对大遗址范围内的土地性质进行优化和调整，保护范围内的土地性质应转化为文物古迹用地。

（五）切实将新发展理念落实到大遗址保护利用中

一是创新大遗址保护利用模式，进一步拓展大遗址保护思路。充分利用创建"国家文化公园""文物保护利用示范区"等契机，创新大遗址保护的整体思路，提出"历史文化遗址公园"概念，并将建设"历史文化遗址公园"

作为大遗址保护的创新方法。历史文化遗址公园主要是指包括古遗址、古墓葬、古建筑、石窟寺等多种类型在内的、文化内涵丰富、分布于成熟旅游线路上或具备对外开放条件的大遗址。建设的核心内容是遗址的保护展示及其价值的阐释，采用公园模式促进遗址保护优化、生态环境提升、休闲空间拓展，兼具遗址展示阐释功能和休闲娱乐公园功能。也可结合遗址的地理位置、自然环境等特点，与生态林业、生态农业、生态湿地等项目结合实施，实现遗址保护的多元化发展。

二是创新大遗址运营模式，建立以国家投入为主的多种力量参与的运营模式。结合"历史文化遗址公园"建设，从国家层面出台社会力量参与大遗址保护的标准和规范，鼓励地方政府在把握保护原则和政府主导的前提下，合理适度引导民营企业参与大遗址的开发、管理和文化旅游活动，使管理权与经营权在一定范围内分开。遗产单位在从事遗产旅游经营时，应该将重点放在遗产区内遗产的旅游展示类服务上，相关旅游服务可交给当地政府和社会资本进行营利性经营。还应制定和完善有关社会捐赠和赞助的政策措施，调动社会团体、企业和个人参与文化遗产保护的积极性。拓宽资金渠道，广泛吸纳国际基金、长期低息贷款和赠款、国内各类民间资金，用于文物古迹的维修和修复，以及与之直接相关的专项工程建设。

三是深入贯彻新发展理念，注重大遗址考古、展示利用等基础工作水平提高。结合省情完善考古工作制度规范，加强大遗址考古调查发掘研究等基础工作，明确遗址内涵，为深刻认识大遗址价值、科学准确地展示阐释中华文明的历史奠定基础。加快划定大遗址保护区划，编制大遗址保护规划。注重大遗址价值展示阐释，因大遗址的特性决定了其可视性差、展示难度大，需要充分利用互联网等现代科技手段，提升公众参观体验。

以新发展理念推动"文保执法社会治理模式"赓续发展

南京市文化和旅游局　蔡　健

摘　要：南京市深入践行新发展理念，以体现发展社会主义民主政治与加强社会主义法制建设有机融合的制度创新为抓手，兼顾协调、绿色、开放、共享理念落地生根，通过组建文物保护志愿者总队并开展文物保护志愿服务行动，探索形成以"行政执法引领＋志愿服务支持"为内核的"文保执法社会治理模式"。在新的历史阶段，要进一步牢固树立新发展理念，破解难题、探寻新路，确保"文保执法社会治理模式"沿着正确方向永续发展。

关键词：新发展理念　文保执法　社会治理　模式发展

《文物保护法》规定，文物行政部门承担通过宣传教育增强公民文物保护意识，发现文物并使之得到及时保护，发现、制止和惩处文物违法行为等职责。切实履行文保执法职能，这是各级文物行政部门依法行政的题中应有之义。

作为世界历史文化名城，南京市文保执法任务艰巨。仅以不可移动文物存量为例，截至 2013 年底，登记公布的不可移动文物共 2423 处。其中，全国重点文物保护单位 49 处，江苏省文物保护单位 108 处，南京市文物保护单位 358 处，区级文物保护单位 325 处，尚未核定公布为文物保护单位的不可移动文物 1583 处。当时，市区两级文物行政执法人员尚不到 30 人。如何破解"任务重、人手少"的矛盾，这是提升文保行政执法效能的关键所在。

一、以新发展理念引领文保行政执法

2014 年 6 月以来，南京市文物行政部门持续践行新发展理念，以体现发展社会主义民主政治与加强社会主义法制建设有机融合的制度创新为抓手，兼顾协调、绿色、开放、共享理念落地生根，通过组建文物保护志愿者总队，开展文物保护志愿服务行动，积极呼应"文物保护人人参与"的社会诉求，有效纾解执法人员相对不足的工作痛点，砥砺探索并逐步形成以"行政执法引领＋志愿服务支持"为内核的"文保执法社会治理模式"。

（一）文保行政执法实践创新

1.文化遗产巡查

文物保护志愿服务行动的主要内容是采取自主巡查、定点巡查、集体巡查等形式对不可移动文物进行志愿巡查，发现和反映文物安全隐患，制止并报告文物违法行为。其中，自主巡查是指文物保护志愿者根据"就便就愿"原则分别进行文物巡查，每月提交巡查表；定点巡查是指文物保护志愿者"认领"文物行政部门确定的 50 个须重点关注的巡查点，每周巡查一次并提交巡查表，同时获得一定志愿服务补贴；集体巡查是指每个分队每月组织本分队全体队员根据规划路线进行一次文物巡查，巡查结束后完成活动简报并在微信公众号等媒体发布。以 2021 年为例，该年度举行集体巡查 28 次，提交巡查表 2867 份。2014 年以来，根据文物保护志愿者报告线索办理的"明故宫飞机场旧址飞行员俱乐部被擅自拆除案""擅自在全国重点文物保护单位南京城墙（武庙闸段）保护范围内进行建设工程案"，分别被国家文物局表彰为"2014—2015 文物行政执法十大指导性案例""2017 年度文物行政执法指导性案例"。

2.文保行动策展

持续策划并开展文史研究、古墓葬勘查、民国遗存寻访、微信公众号运维等一系列专项文保行动，积极助力文保行政执法工作。文物保护志愿者陶起鸣先后公开出版《南京愚园史话》（专著）、《烟火门西》（主编）等多部文史著作，蔡子悦、李欣分别公开发表《文物的动态保护研究——以金陵中学钟楼为例》《明孝陵神道石刻为何"粗犷有余精美不足"》等较有影响力的学术论文。文物保护志愿者方青松以古墓葬勘查为志业。2021 年 3 月中旬，在栖霞区上梅墓村发现六朝墓被盗后，他第一时间报告属地文物行政部门。后者随即向公安机关报案，并组织人员保护现场。经专业机构抢救性考古发掘，共清理墓葬 7 座，出土墓志砖、青瓷碗、滑石猪、陶盘、陶饼等重要文物。2014 年以来，经文物保护志愿者丁进及其同道寻访发现及动议申请，老虎山炮台遗址、清凉山炮台遗址、西山碉堡群、外郭城沿线碉堡、中山陵蓄水池等 5 处历史遗存被公布为不可移动文物。文物保护志愿者坚持运维微信公众号"南京市文物保护志愿者""最忆是金陵",推动文物保护深入人心、深得人心。

3. 文物环境保护

文物与周边环境是共生关系,文物保护志愿服务行动自觉将绿色环保作为重要的努力方向。南京市文物保护志愿者总队第二分队与南京紫金山生态环保志愿大队结对子,制度化组织开展文保环保联合巡查。每年"南京国际梅花节"期间,文物保护志愿者都会身穿红马甲、胸挂巡查证,在梅花山石象路进行文明赏梅宣传,劝导游客不攀爬文物、不折损花枝、不乱丢垃圾。2014 年 10 月,在参加第三分队集体巡查时,时年 82 岁的文物保护志愿者陈时民教授躬身为"李香君之墓"清理杂草、捡拾垃圾,受到队友们礼赞。2017 年 2 月,发现全国重点文物保护单位"象山王氏家族墓地"缺少日常维护、存在环境卫生问题后,文物保护志愿者及时向有关部门反映。宝塔桥街道牵头成立整治突击小分队,开展地毯式大扫除。经过 2 小时集中整治,清扫绿地 6000 平方米,清理垃圾 2 吨,有效改变了该片区脏乱差现象。

(二)文保行政执法方式创新

1. 政府引导与社会参与相结合

文保行政执法主体是文物行政部门(包括其所辖文化市场综合执法机构)。长期以来,南京市文物行政部门守正创新、开拓进取,在行业规制建设、文物安全保护、文保知识普及、违法活动查处等方面开展了大量卓有成效的工作,"先考古、后用地"考古前置模式获国家文物局肯定。2014 年 6 月,南京市文物行政部门组建成立文物保护志愿者总队(下辖 3 个分队),启动实施文物保护志愿服务行动。为确保志愿服务规范、持续、有效运行,设计制作徽章、马甲和巡查证,注册网络即时通信平台(名称"南京市文物保护志愿者"),设立专用邮箱,还为文物保护志愿者办理"志愿者关怀"团体意外保险。成立至今,文物保护志愿者总队在宣传推广文保知识、发现文物并及时上报、引导群众将个人收藏文物捐献国家、文物面临破坏危险时积极抢救、与文物违法行为作斗争等方面不懈努力,为文保行政执法提供了有力支持。

2. 队伍建设与骨干培养相结合

南京市文物保护志愿者总队注册文物保护志愿者 120 位,职业包括教师、学生、公务员、企业职工、退休人员等。为提高其文保志愿服务能力水平,综合施策、多管齐下,采取了开办电子内刊《窗》、组织聆听《良渚文化与中华五千年文明》《近现代建筑保护和利用》《走入西街考古　探寻城市起源》等业务讲座、邀请文物行政执法人员现场传授文保巡查专业技能等举措。与此同时，注重加强与组织能力强、业务素养高、服务意识浓的文保骨干联系沟通，充分发挥其引领带动作用，达成以点带面的正向效果，文物保护志愿服务行动的显示度、覆盖面和影响力不断提升。2016 年 12 月，文物保护志愿者马梦洁获评"南京市最美志愿者"；2020 年 6 月，南京市文物保护志愿者总队第二分队负责人吕晓其被国家文物局授予 2020 年度"最美文物安全守护人"称号。

3. 内在涵养与外部辐射相结合

组织的灵魂是制度建设。文物保护志愿者总队成立伊始，即制定涵括志愿巡查、信息响应、先进激励等要素的文物保护巡查管理规定。之后，相继出台《关于加强文物保护志愿者信息发布管理的通知》《关于进一步加强非本分队人士参加集体巡查活动管理的通知》《关于进一步加强信息交流平台管理的通知》等一系列内部管理规定。得益于制度建设日益健全，文物保护志愿服务队伍的组织性纪律性、向心力凝聚力持续增强。立足自身内涵发展深化，自觉对外传播文物保护志愿服务行动的成功做法：同在宁高校团委、学生会、青年志愿者协会建立共建关系，影响人数达千人以上；加入南京红色文化志愿者联盟、南京市玄武区文物和文化遗产公益保护联盟，调度文物保护志愿者为联盟建设作贡献；对来宁学习取经的青岛、宁波、厦门、大同、宜春等地文物行政部门或文化市场综合执法机构同行热情接待、真诚分享。2017 年 7 月，南京审计大学在读大学生将南京市文物保护志愿服务行动作为暑期实践研究对象，完成了调研报告《新形势下文物保护志愿者组织调查研究——以南京地区为例》。

（三）推动文物保护成果社会共享

1. 走进直播间

2015 年以来，文物保护志愿者吕晓其、马梦洁、薛殿杰、王帅、丁进等应邀走进南京新闻综合广播"对话"直播节目、南京新闻综合频道"民声"访谈节目、江苏"金陵之声"直播节目，分享文物保护志愿服务成果，讲述文物背后的故事，并与受众连线互动，取得良好的社会反响。

2. 走进中小学

着眼于发挥文物在坚定文化自信、提升公民素质、促进社会发展方面的重要价值，组织实施"文保知识进校园"行动。2018 年，指导成立"金陵中学文物保护志愿者社",助力高中生更好地守护城市记忆、厚植家国情怀。截至 2021 年 12 月底,"文保知识进校园"行动累计志愿服务时间逾 1.1 万小时,受益学生近 2 万人次。

3. 走进博物馆

文物保护志愿者走进南京博物院、雨花台烈士纪念馆、南京抗日航空烈士纪念馆以及愚园、大报恩寺遗址公园,发挥自身专业优势,提供讲解导览、展陈设计、文创开发、业务研究等专业服务,受到馆方和游客欢迎,不少志愿者多次荣获表彰奖励。

4. 走进交流会

文物保护志愿者频频亮相中国"文博会"扬州分会场、江苏志愿服务展示交流会、南京志愿者心声分享会、南京市文化遗产保护成果展、"砥砺奋进的五年"南京市文化建设成就图片展等交流活动,分享文保成果,展现团队风采。2017 年 10 月,在南京市文明办、南京市志愿者协会主办的第十四期南京志愿者心声分享会上,讲到志愿服务的酸甜苦辣时,文物保护志愿者王国荣几度哽咽,现场观众无不动容。

(四)社会反响

在探索实践过程中,南京市"文保执法社会治理模式"迎来了方方面面的关注和支持。

1. 媒体关注

2016 年 12 月 3 日,《人民日报》第 5 版以 2/3 版篇幅刊发姚雪青采写的深度报道《南京文保志愿者团队成立两年多,120 人服务累计 27000 小时——守护城市记忆》,宣传南京市引入社会力量深度参与文物保护的积极成效,高度评价"文保执法社会治理模式"的重要作用;2017 年 2 月底,《人民日报》"内参"刊文宣介该模式的内容、特点和成效。其他主流媒体也高度重视"文保执法社会治理模式",例如,《中国文化报》2016 年 11 月 29 日第 8 版刊发通讯报道《文保志愿者:金陵文脉的守护人》,《中国文物报》2017 年 10 月 3 日头版刊发徐秀丽采写的通讯报道《织牢织密文物安全的保护网》等。

2. 经验分享

2017 年 7 月,南京市文化市场综合执法机构应邀在第八届江浙沪文物行政执法业务培训班分享"文保执法社会治理模式"工作经验。2017 年 10 月,"南京市留住城市记忆——文物保护志愿服务行动"被江苏省委宣传部、江苏省文明办、江苏省民政厅、共青团江苏省委评为第二届江苏志愿服务展示交流会优秀志愿服务项目。2018年4月，南京市文化市场综合执法机构应邀在江苏省文物工作年会上作题为《文保执法社会治理模式探索》的交流发言。

3. 模式确立

2016年12月，"构建文保执法社会治理模式"被江苏省依法治省领导小组办公室授予"法治实践优秀案例提名奖"。时任南京大学法学院院长的叶金强教授在点评该案例时写道："文保执法模式的内核即为'政府引领、公民参与、充分协作'，真正唤起全社会对于文物保护的关注度，动员起最直接、最有效的社会力量，取得了较好成效。"2017年12月，《国家文物局关于印发2017年度文物行政执法指导性案例的通知》（文物督函〔2017〕1995号）（以下简称《通知》）出台。国家文物局将南京市文化市场综合执法机构办理的"擅自在全国重点文物保护单位南京城墙（武庙闸段）保护范围内进行建设工程案"等15个案例确定为"2017年度文物行政执法指导性案例"，供办理类似文物行政违法案件时参考借鉴。《通知》将这个案件的指导意义作如下表述："该案是南京市文物志愿者发现并报告的文物违法案件。南京市文物行政部门通过建立文物保护志愿者总队、组织开展文物保护志愿服务行动等举措，形成了以'行政执法引领＋志愿服务支持'为核心的'文保执法社会治理模式'，对南京市的文物保护工作起到了重要作用，具有典型意义。"

二、经验启示

（一）在宏观层面，坚持理念引领

创新、协调、绿色、开放、共享新发展理念，是习近平新时代中国特色社会主义思想的重要内容，也是新的历史阶段文物工作的指导思想。创新文保行政执法必须讲政治、顾大局，始终坚持新发展理念的领航作用。与此同时，自觉坚持"重点论"和"两点论"相统一，正确处理创新与协调、绿色、开放、共享的关系，确保文保行政执法创新发展方向正确、逻辑自洽。

（二）在中观层面，坚持创念驱动

公民有序参与公共管理体现了社会主义制度的内在本质，社会治理是行政民主化的客观要求和现实表现。南京市文物行政部门树立"跨界思维"，通过组建文物保护志愿者总队并开展文物保护志愿服务行动积极助力文保行政执法，实现了发展社会主义民主政治与加强社会主义法制建设的有机融合，走出了一条文保行政执法的制度创新之路。

（三）在微观层面，坚持信念凝聚

文物保护志愿者没有名利诉求，积极保护以及合理利用文物的共同信念将其团结在一起。从 2014 年走到今天，从今天继续走向未来，他们栉风沐雨、无怨无悔。文物保护志愿者吴维成（已于 2021 年 12 月去世）所居南京市鼓楼区江苏路 25 号"吴光杰旧居"系区级文物保护单位。20 世纪 80 年代以来，其全家每年投入大量资金对房屋进行修缮维护，前后总计有四五百万元之巨，这幢文物建筑得以一直在"颐和路公馆区"悄然矗立。文物保护志愿者杨叶亭热心民国建筑保护，在文物保护志愿服务过程中坚持发扬理性文保、务实文保、专业文保精神。他在信息交流平台自创自维《学习与分享》板块，旨在分享本人文保实践中发现的问题以及思考的心得、解决的思路。该板块 2016 年 8 月创办，迄今已发布近 70 期（基本上每月 1 期）。明朝开国功臣海国公吴祯墓神道两侧石人、石兽是文物保护志愿者李炳发的定点巡查点。他在巡查中曾巧遇前来祭祖的吴祯后裔，遂保持联络并结下情谊。对于文物保护志愿服务行动，吴祯后裔吴云平先生感慨系之："衷心感谢各位南京市文物保护志愿者老师辛苦无私的付出！"

三、新时期创新文保行政执法面临的问题与挑战

（一）实践领域有待拓展

广义的"文保执法"是一个大概念，涵括文物行政管理、文物违法行为处罚等内容。成立初期，南京市文物保护志愿者总队将涉不可移动文物的安全隐患、违法行为当作主要观照目标。之后，文物保护志愿者走进文博场馆，奉献讲解、咨询、导览等服务，志愿服务领域得到延伸。但是，实践范畴并没有完全覆盖广义"文保执法"概念的内涵，考古、可移动文物、非物质文化遗产等领域触达较少或尚未涉及。

（二）经费保障难以到位

目前，南京市文物保护志愿者总队是南京市志愿服务联合会的成员单位，且系非独立实体。受制于存在状态的非独立性，来自外部的志愿服务经费支持，基本上只能采取向文物保护志愿者提供志愿服务补贴的方式。2019年 10 月，南京市文物保护志愿者总队第二分队与中山陵园管理局文物处签订志愿服务合作协议，开创了当地文物保护工作的新局面。根据协议，前者抽调精干力量成立"中山陵风景区文物保护志愿服务队"，每周对该区域 7 处13 个文物点进行网格化定点巡查并提交巡查表，后者负责向文物保护志愿者

提供交通费、误餐费等志愿服务补贴。由于不能自持经费，文物保护志愿者总队自主深入开展工作面临不小难度。

（三）协调效率尚需提高

"文保执法社会治理模式"主要涉及市区两级文物行政部门、市级文化市场综合执法机构以及市级文物保护志愿服务队伍。头绪较多，协调妥当各方关系不大容易。自文物保护志愿者总队成立以来，总体来看，沟通成效是不错的。以曾引发较大舆情的"擅自迁移不可移动文物六朝砖井案"为例。2019 年 1 月中旬，文物保护志愿者李求宏在文物保护志愿者总队网络即时通信平台报告"六朝砖井消失"，属地区级文物行政部门相关同志即时将此信息通报市级文化市场综合执法机构，后者调度执法人员响应现场并予以立案。面对砖井具体迁移时间的争议，在市级文物行政部门组织召开的重大行政处罚集体讨论会上，根据文物保护志愿者自主巡查拍摄的现场图片及对应时间，将迁移时间确定为 2018 年 12 月 11 日以后。2019 年 7 月，作为记录人，文物保护志愿者姜珺、李杭参加了该案的行政处罚听证。最终，涉案建设单位、施工单位均被责令改正并受到行政处罚。由于得到了文物保护志愿者的鼎力支持，文物行政部门和文化市场综合执法机构避免了在应对舆情的当口处于被动地位。不过，实践中也不同程度存在着这样那样的问题。比如，执法工作情况不能定期分享文物保护志愿者，志愿巡查问题清单的处置结果未能及时反馈文物保护志愿者等。凡此种种，难免影响"文保执法社会治理模式"的效率效果。

四、以新发展理念进一步推动"十四五"时期文保行政执法高质量发展

《"十四五"文物保护和科技创新规划》要求，立足新发展阶段、贯彻新发展理念、构建新发展格局，全面推进文物治理体系和治理能力现代化。南京市探索构建以文物保护志愿服务行动为支点的"文保执法社会治理模式"，其逻辑机理及运行实践与创新、协调、绿色、开放、共享新发展理念存在着内在统一性。在新的历史阶段，应进一步深入领会、全面践行新发展理念，破解难题、探寻新路，确保"文保执法社会治理模式"沿着正确方向永续发展。

（一）申办设立民非单位

非独立实体的存续状态是文物保护志愿者总队经费困难的主要原因之一。根据《民办非企业单位登记管理暂行条例》的规定，民办非企业单位是企事业单位、社会团体、其他社会力量以及公民个人利用非国有资产举办的从事非营利性社会服务活动的社会组织。鉴于文物保护志愿者总队具有"从事非营利性社会服务活动"特点，可以考虑申请《民办非企业单位登记证书》，转身为合法的独立实体。

（二）筹备组建文保联盟

在文物保护志愿者总队之外，南京地区还活跃着一批民间文物爱好者团体或民间文物保护志愿组织。它们长期坚持开展各具特色的专业活动，质地浑厚、口碑坚正，具有较高的美誉度和号召力。南京市文物保护志愿者总队可以考虑肩负起领头羊职能，发起筹建本地区文物保护联盟，团结有志于文物保护事业的各方社会力量勠力同心、胼手胝足，为发展"文保执法社会治理模式"厚植基础、增添动力。

（三）聚焦保护革命文物

革命文物保护管理运用是工作大局，文物保护志愿服务行动须主动融入大局、服务大局。要深入学习领会习近平总书记关于革命文物工作重要指示精神，全面对照《关于加强新时代革命文物工作的通知》《革命文物保护利用"十四五"专项规划》等制度安排，聚力加强南京市革命文物名录（第一批）中58处不可移动革命文物、4279件/套可移动革命文物的保护利用志愿服务，将南京红色文化志愿者联盟任务与南京市文物保护志愿服务行动宗旨有机衔接，为弘扬革命文化、传承红色基因作出不懈努力。

（四）试水开展公益诉讼

文物保护民事公益诉讼让违法者承担相应法律责任，有助于惩治和遏制破坏文物的违法行为，它与文保行政执法等共同构成文物保护体系。检察机关、社会组织是文物保护民事公益诉讼的适格主体。通过诉讼请求权实现的停止侵害、排除妨碍、消除危险、恢复原状、赔偿损失等状态，能使涉案文物获得抢救、修复或价值补偿，从而维护社会公共利益。文物保护志愿者总队可以直接扛起文物保护民事公益诉讼诉讼主体的职责，也可以担任检察机关发起的文物保护民事公益诉讼的观察员角色，在文物保护民事公益诉讼多元共进、同战发力格局中发挥不可或缺的重要作用。

（五）多方争取行动经费

《志愿服务条例》规定，各级人民政府及其有关部门可以依法通过购买服务等方式支持志愿服务运营管理，志愿服务组织可以接受自然人、法人或其他组织的财产捐赠，以及县级以上人民政府或有关部门按照法律法规和国家有关规定予以的奖励。《政府购买服务管理办法》规定，依法成立的社会组织可以作为政府购买服务的承接主体。在成为合法的独立实体后，文物保护志愿者总队可以主动承接各级文物行政部门或相关部门购买的服务内容，包括但不局限于课题研究、定点巡查、活动承办等，与此同时，凭借志愿服务业绩努力争取捐赠或奖励，形成经费来源多元化、多样性的良性局面。

（六）优化润滑沟通机制

在市区两级文物行政部门、市级文化市场综合执法机构、市级文物保护志愿服务队伍分别设立专门岗位，具体负责信息流转事宜，尽力避免出现信息不对称问题，确保"文保执法社会治理模式"有序运行。在市区两级文物行政部门、市级文化市场综合执法机构设立的上述岗位，采取购买服务方式亦是选项之一。

"一个民族的文化遗产，承载着这个民族的认同感和自豪感；一个国家的文化遗产，代表着这个国家悠久历史文化的'根'与'魂'。保护和传承文化遗产，就是守护民族和国家过去的辉煌、今天的资源、未来的希望。"南京市文物行政部门携手文物保护志愿服务队伍，将进一步牢记习近平总书记"像爱惜自己的生命一样保护好文化遗产"的谆谆教诲，自觉以新发展理念进一步引领发展"文保执法社会治理模式"，促动这项制度创新成果焕发出越来越璀璨的光彩。

贯彻新发展理念，用"绣花"功夫保护传承广州历史文化

广州市文物局　郑小炉

摘　要：广州市将创新、协调、绿色、开放、共享的新发展理念融入文物工作全过程，在组织领导、制度保障、基础建设、资金落实、安全监管、活化利用等方面不断探索新的道路，大力推进田野考古、"海丝"申遗、革命遗址保护传承等重点工作。针对保护机制、资金、责任、利用、人才等方面存在的问题，提出相关对策建议。

关键词：新发展理念　广州　历史文化　保护传承

党的十八届五中全会提出创新、协调、绿色、开放、共享的新发展理念，这是关系我国发展全局的一场深刻变革，集中体现了今后一个时期的发展思路、发展方向和发展着力点，是实现更高质量、更有效率、更加公平、更可持续发展的科学路径。

长期以来，广州文物工作坚持以习近平新时代中国特色社会主义思想为指导，深入贯彻落实习近平总书记关于历史文化遗产保护的重要论述和重要指示批示精神，贯彻新发展理念，坚持保护优先和以人民为中心的发展思想，采用"绣花"功夫提升历史文化遗产保护管理利用水平，传承城市文脉，留住乡愁记忆，促进文物保护与经济社会协调发展。

一、广州文物工作贯彻新发展理念的实践经验

（一）强化组织领导，联控联保协同推进形成合力

1. 完善领导架构

成立广州市文物管理和历史文化名城保护委员会，由市主要领导担任委员会主任，统筹协调文物管理及历史文化名城保护工作，研究和审议文物和

名城保护重大事项。设立专家委员会，建立社会委员库，强化社会参与。

2. 强化部门协同

市文物、规划、住建、公安、消防、交通等部门明确职责、通力合作，压实各区属地主体责任，构建横向到边、协同联动，纵向到底、层层落实的分工机制。建立"多规合一"、广州市文化遗产信息管理等数字平台，实现部门互联互通，数据共享共用共管。

3. 加强机构建设

在市文化广电旅游局加挂文物局牌子，先后设立文物保护与考古处、文物管理处（文化遗产管理处）、革命文物处、博物馆处、非遗处、文化市场综合执法监督处、文化市场综合执法队，同市规划和自然资源局名城处、市住房和城乡建设局房屋管理处等，共同开展历史文化遗产保护。

4. 调动各方参与

组建文物保护监督员、名城志愿者、社区规划师、乡村规划师等队伍，引入社会力量，协同开展田野考古、文物安全巡查、修缮咨询、技术评估、中期检查、结项验收等工作。

（二）夯实工作基石，历史文化传承发扬保障有力

1. 全面普查构筑全要素保护体系

先后完成 5 次文物（文化遗产）普查，开展传统建筑壁画、革命文物、工业遗产、城防史迹、乡村文物等专项调查普查，形成名城名镇名村、历史文化街区、不可移动文物、可移动文物、历史建筑、非物质文化遗产、古树名木等点线面相结合的全要素保护体系。全市现有 3838 处不可移动文物，其中国家级 33 处、省级 63 处、市级 362 处、县级 364 处。博物馆 74 家，其中国家一级馆 8 座、二级馆 12 座、三级馆 11 座。

2. 法律法规建设全面推进

以《广州市文物保护规定》《广州市历史文化名城保护条例》《广州市博物馆规定》3 个地方性法规为主干，形成涵盖文物、名城、非遗保护和博物馆管理等的一系列政府规章、规范性文件、政策文件，构建起"全专细"的政策法规体系。率先建立"先考古、后出让"的基本建设考古前置、聘请文物保护监督员、非国有不可移动文物修缮保护常规化补助等制度，有力地推动广州文物保护事业的发展。

3. "四有"工作日趋完善

及时树立各级不可移动文物保护标志牌，划定公布各级文物保护单位保护范围与建设控制地带。建立各级文物保护单位"四有"档案，组织开展数字化建档，现已整理扫描纸质资料 257133 张，将 14003 条数据录入"不可移动文物档案管理系统"，上传图片 173130 张。积极推动《文物保护管理使用协议书》签订，已完成 404 处市级以上文物保护单位保护协议书签订。落实文物安全责任人公告公示制度，市—区—街（镇）层级签订文物保护责任书。

4. 文物保护与科技发展融合愈益深入

建设广州市文物数据管理与信息应用平台，建立并不断完善市、区不可移动文物一张图、一张表。开展文物智慧消防试点，对 229 处国、省、市级文物保护单位配置微型消防站。推进陈家祠、光孝寺等重要文物防白蚁监测等安全防护设施建设。开展田野不可移动文物视频监控试点建设，完成番禺区、海珠区文物视频监控试点，推动各区文物视频监控接入市级平台。推进人防、技防相结合的文物安全监督管理，依托广州市文物保护监督员工作站，开发广州市文物巡检管理系统和不可移动文物安全预警平台，文物巡查检查信息现场上传，充分整合文物资源、文物巡查检查、视频监控等信息，初步实现信息化、精细化管理。

（三）坚持保护第一，守护文脉留下更多乡愁记忆

1. 落实经费推进修缮

通过地方立法，设立文物保护专项资金。党的十八大以来，广州市级财政已安排 4.95 亿元文物保护专项资金，累计补助 1229 个文物修缮抢修、保养维护项目，有力推动全市不可移动文物的保护。各区也相应设立文物保护专项资金。

2. 健全文物保护过程监管

制定《广州市文物保护工程检查办法》《广州市文物保护项目专家组成人员选取办法》等，规范、强化文物保护项目审查评估，建立和完善文物保护项目开工报告制度和中期检查制度，委托第三方专业力量，实现文物保护项目全流程监管，提高文物保护工程质量。

3. 安全监管日趋深入

建立市、区文物保护监督员队伍，形成"市—区—街（镇）—村"四级文物保护层级体系和监督网络。引入社会力量，成立广州市文物保护监督员工作站，开展全市文物安全检查抽查。2022 年共检查 8915 次，出动巡查员 15155 人次，开展各类专项检查 43 次。黄埔、海珠、天河、增城、花都等区也先后引入社会力量，开展文物安全日常巡查。2023 年全市共实施文物安全

检查 30 余万次，开展各类专项检查 430 次。联合公安、消防等部门，重点打击文物犯罪活动，组织开展博物馆和文物保护单位消防安全达标创建行动。充分利用电视、报纸、微信公众号、互联网以及讲座等多种方式，对不可移动文物保护进行广泛宣传，发动全社会共同参与文物保护和安全监管。

近期，我市正积极推进将文物安全监管纳入社区网格化管理体系，落实文物安全共治共管。

（四）传承红色精神，革命文物保护利用不断加强

1. 摸清家底规划先行

先后组织开展辛亥革命史迹、广州起义史迹、抗战史迹、红色史迹、革命文物调查普查。编制《广州近现代革命史迹文物保护规划》，形成《广州市红色史迹（不可移动文物）名录》，印制《广州市革命文物地图》《广州市不可移动文物革命图册》。制定实施《广州市红色文化传承弘扬示范区发展规划（2020−2025 年）》，推动创建"红色文化传承示范区"。制定《广州市革命遗存保护办法》，确定每年 7 月为广州红色文化宣传月。先后公布两批《广州市革命文物名录》，包括 221 处不可移动革命文物，其中国家级革命文物 15 处。

2. 加强修缮保障安全

市文物保护专项资金重点支持革命文物修缮保护，重大项目申请专门经费予以保障。先后完成广州农民运动讲习所旧址、中华全国总工会旧址、春园、广东省农民协会旧址、毛泽东视察棠下农业生产合作社旧址等一大批革命文物的修缮保护，正在积极推进中山纪念堂、黄埔军校燕塘分校旧址、西湖社学旧址等的修缮保护。

3. 突出重点打造精品

依托中共三大会址、中共广东区执委会旧址、广东省农民协会旧址等重点革命文物建设博物馆、纪念馆。完成中共三大会址纪念馆改扩建、周恩来同志主持的中共两广区委军委旧址修缮陈列、杨匏安旧居修缮保护和陈列展示、广州农民运动讲习所旧址、中华全国总工会旧址等红色革命场馆改造提升等重点项目。"中国共产党第三次全国代表大会历史陈列"入选中宣部、国家文物局"庆祝中国共产党成立 100 周年精品展览"名单；"从黄浦潮到珠江潮——庆祝中国共产党成立 100 周年特展"入选国家文物局"弘扬优秀传统文化、培育社会主义核心价值观"100 个主题展览推介名单。

4. 拓宽途径促进利用

创新活化方式，依托广州农讲所纪念馆、广州起义纪念馆、中共三大纪念馆等重要革命文物打造"新时代文明实践站·红色文化讲堂"。在孙中山大元帅府旧址纪念馆、广州起义纪念馆分别举行《携手1924》《1927·广州起义》等沉浸式话剧演出，让观众在艺术与红色资源的融合中感悟大革命的峥嵘岁月和中国共产党人的顽强不屈。携手广东广播电视台、省政数局等，推出"百年红讲台　传颂南粤红"项目。在广州农讲所纪念馆举行《红讲台》系列直播活动，在"粤省事""粤政易"等平台开设专区，播放量已超过2500万次。

（五）盘活遗产资源，保护与发展和谐共进成效显著

1.完善制度设计

制定《广州市推进文物保护利用改革工作实施方案》《广州市文物活化利用促进办法》《广州市促进历史建筑合理利用实施办法》，鼓励社会力量参与，探索实施规划调整、功能置换、租赁等灵活措施。

2.多措并举让文物"活"起来

坚持保护优先，注重人居环境改善，修好"绣花功夫"。政府、企业、社会共同参与，将遗产保护与城市更新、乡村振兴有机结合，实现恩宁路、北京路、新河浦、沙面等历史文化街区品质提升，推进大岭村、港头村等历史文化名村活化保护。陈家祠、永庆坊、万木草堂等入选国家文物局《文物建筑开放利用案例指南》，邓村石屋入选《文物建筑保护利用案例解读》，杨匏安旧居、邓村石屋、周恩来同志主持的中共两广区委军委旧址、柏园等6处文物先后列入广东省文物古迹活化利用典型案例。2020年、2023年先后组织开展两批广州市文物保护利用典型案例推介活动，遴选出中共三大会址文物保护利用、南海神庙及码头遗址展示和整治、陈家祠预防性保护与展示提升、逵园保护与活化利用、黄埔区"文化遗产检察官"制度等32个典型案例向社会推介。沙面、恩宁路、北京路保护利用分别获2020、2021年国际IFLA奖。

3.加强文商旅融合发展

着力丰富文旅融合产品供给，推动具有文化旅游和商业价值的历史文化遗产申报为各级旅游景区，促进绿色低碳发展。西汉南越王墓、南越国宫署遗址、莲花山、陈家祠、中共三大会址、广州农民运动讲习所旧址、沙面等一批重要文物先后被列入4A、3A景区。组织开展"向文物致敬"系列活动，包括广州十大文物地标评选活动、新时代广州考古发现与文物保护利用成果展等。推出各具特色的历史文化游径，形成可观、可游、可研的专项旅游线路，策划打造十条"读懂红色广州"旅游路线，"红色广州　革命之城"精品线路入选中宣部、文化和旅游部等联合发布的"建党百年红色旅游百条精品线路"。海上丝绸之路、华侨华人、孙中山文化遗产游径入选首批广东省粤港澳大湾区文化遗产游径；南国红豆鉴赏、红色羊城主题、广府古驿道历史文化游径入选首批广东省历史文化游径。莲花书院遗址、夏街古道、广雅中学先秦至明清遗址、中山六路汉至清代遗址、百花古道（官道）先后入选南粤古驿道重大发现。

4. 鼓励文创产品开发

制定《广州市关于推动文化文物单位文化创意产品开发的实施办法》，将广州博物馆等 13 家市文化广电旅游局所属文博文化单位纳入第一批文化创意产品开发试点单位，鼓励利用各自优势资源，先行先试。广东民间工艺博物馆的"陈家祠积木"、南越王博物院的"透雕龙凤纹首饰套组和虎小将 IP 系列文创"在首届全国文化创意产品推介活动中获"全国百佳文化创意产品"称号；南越王博物院"鎏金铜瑟枘熏炉"获得由中国旅游协会举办的"2021 中国旅游商品大赛"铜奖。

（六）创新工作机制，城市考古实证岭南文明进程

1. 创新考古工作机制

在国内率先推出并落实国有土地储备、出让前考古工作制度和政府承担考古工作经费制度，划定公布 16 片地下文物埋藏区。引入社会力量，协同开展田野考古工作，助力广州现代化国际营商环境提升。

2. 城市考古成效显著

2013 年以来，通过"考古前置"工作机制改革，广州每年考古调查、勘探、发掘项目数量快速攀升（2013 年 68 宗、2023 年 446 宗），共计完成考古调查、勘探、发掘项目 3200 余宗（其中发掘项目近 154 宗），清理古墓葬近 4500 座，出土重要文物标本 3 万余件 / 套。墨依山遗址、金兰寺遗址、陂头岭遗址、莲花书院遗址、南石头监狱遗址等重要考古发现，极大丰富了岭南历史文化内涵。广州南越国宫署遗址和南越王墓入选百年百大考古发现。

3. 考古成果实时共享

在南汉二陵博物馆开设广州考古专题陈列，结合考古新发现及时更新。利用中山大学南校区、广雅中学、陂头岭等考古发掘现场，组织开展参观体验、研学、写生等活动，利用现场宣传考古知识。组织开展"我在南汉二陵博物馆修文物"系列活动，饱受各方欢迎。举办"广州考古百件文物精品与十大重要发现"评选活动，社会各界踊跃参与，广泛宣传了广州考古和历史文化保护重要成果。

（七）牵头"海丝"申遗，助力"一带一路"开放交流

1.牵头"海丝"史迹保护和申遗

成立由市长任组长的广州市"海丝"史迹保护和联合申遗工作领导小组，加强组织领导。在国家文物局、中国文化遗产研究院的指导和支持下，牵头会同南京、宁波、上海、香港、澳门等34个城市组成"海丝"申遗城市联盟，定期召开联盟城市会议。2017年以来，连续7年组织召开"海丝"（国际）学术会议。举行联盟"海丝"文物联展，组建"海丝"专家库等，充分发挥牵头城市作用。

2.推进基础保护管理

完成申遗文本、管理规划编制，光孝寺、南越国宫署遗址、清真先贤古墓保护规划已由省政府公布，推进怀圣寺光塔、南越王墓、南海神庙等保护规划报批。编制赤岗塔、琶洲塔保护规划，完成各"海丝"史迹点本体保护和环境整治、标识系统设计、监测体系与平台搭建、档案数字化建设。

3.深化主题研究和宣传

成立"海丝"（广州）文化遗产保护管理研究中心，加强与高校和科研机构合作，共同开展"海丝"文化研究、保护，形成《海上丝绸之路广州史迹文化遗产价值研究》等研究成果，完成"海丝"研究数据库建设。举办"海丝"申遗城市联盟讲解员大赛，开展"海丝"讲解员和导游培训。通过拍摄宣传片、策划系列访谈、举办展览等多途径宣传。

4.加强与"海丝"沿线国家的交流

组织开展"丝路花语——海丝文化之旅"系列活动，先后赴马来西亚、塞浦路斯、斯里兰卡等国，进一步提升"海丝"文化海外知名度。强化与东南亚国家的合作，与马来西亚、印度尼西亚等国建立合作机制。在马六甲郑和文化馆举办"海丝"图片展，郑和文化馆主动宣传广州牵头的"海丝"申遗工作。邀请印度尼西亚驻中国大使馆参加城市联盟联席会议。邀请马来西亚马六甲、印尼井里汶等海外城市加入"海丝"申遗城市联盟。

二、存在的主要问题

一是文物保护管理机制不够健全。现行的文物保护法律法规存在着重义务、轻权利的倾向，文物认定、保护社会参与不够，特别是文物所有人、使用人参与不足，不利于激发保护的自主性和积极性；将文物保护修缮工程等同于一般的建设工程，未充分考虑文物保护工程的特殊性，不利于实施；缺

乏文物建筑消防规范标准，文物利用存在瓶颈。

二是文物保护经费投入不足，渠道单一。文物保护经费来源，除文物所有人、使用人自行筹措外，绝大部分依靠政府补助，渠道单一。除部分经济较发达地区外，多数地区尚未建立起政府对文物保护的经费保障制度。如广州自 2014 年就设立了市级文物保护专项资金，但在 11 个区中，还有 1 个区未设立，2 个区仅 10 万~20 万元。

三是文物保护管理责任还需进一步压实。根据文物保护的有关规定，文物保护的责任主体为文物的所有人、使用人。但部分文物保护管理责任人保护意愿不强；一些文物建筑经多代传承或因其他历史原因，产权复杂；田野文物日常监管存在困难等，保护责任难以压实。

四是文物活化利用有待提升。涉及保护管理主体和用途变更程序比较复杂，活化利用成本较高；对国有不可移动文物经营性活动限制较多，企业或其他社会团体考虑投入产出问题，不愿投入文物利用。

五是基层文物保护管理人才匮乏。区、县文物行政部门机构普遍不健全，人员匮乏，往往一人身兼数职；缺乏专业机构和人员，保护力量与任务需求之间存在较大差距。文物执法同时兼顾文化市场、广电、旅游、体育等多执法领域，职能弱化和边缘化。基层文物工作人员更换频繁，人才培养缺乏连续性，不利于文物保护的可持续性。

三、文物领域进一步贯彻落实新发展理念的对策建议

一是切实提高对新发展理念的认识。思想认识是行动的根本，要在学懂弄通做实新发展理念上下功夫，加强对相关政策文件的学习，提高新发展理念对文物工作引领作用的认识，提升贯彻执行的能力、水平，将创新、协调、绿色、开放、共享的新发展理念深入融合到日常的文物保护和管理工作中来，使之成为行动的自觉。

二是创新完善文物保护管理机制。细化各项配套制度，打造权利义务相平衡的文物保护管理体系。结合中国国情，建立起符合中国经济社会发展阶段的文物保护管理模式。以保障重点、鼓励一般为指导原则，将重点保护与一般保护相结合，对各级文物保护单位实施重点保护。对其他不可移动文物，通过经费支持、政策保障、技术支撑等方式，充分尊重文物所有人、使用人的意见，激发其主动性、积极性，鼓励自主保护。建立完善文物保护工程专业管理体系和经费预算制度，编制文物保护工程预算定额标准，提高资金使

用效益，推动文物保护工程高质量实施。制定文物建筑消防标准规范，促进文物安全保护和活化利用。

探索建立文物保护工程专业资质设计师和设计单位技术负责制，将文物保护工程技术审查与行政审批相分离，提高行政审批效率。细化文物保护单位两线范围内建设工程和钻探、挖掘等作业的管理要求，简化小型民生工程和必要配套工程报批手续。建立文物利用负面清单制度，简化文物活化利用程序。

三是拓宽经费渠道，加强经费保障。通过简化社会基金办理流程、实行税收优惠、设立文化遗产彩票等政策，鼓励更多的社会资金投入文物保护，推动共同保护。明确文物保护的公益属性，进一步强化各级政府的文物保护责任及经费投入。

四是加强文物安全监管和执法。建立和完善纵向到底、横向到边的文物保护联防联动机制，形成国家—省—市—区（县）—街（镇）—村（居）的层级文物保护联防体系，逐级压实责任。加强部门协调，完善文物、公安、规划、建设、城管、应急等部门联动机制。理顺文物行政执法运行机制，文物行政管理与行政执法部门之间既明确责任分工，又相互协作。

引入社会力量开展文物安全巡查，利用现代信息技术，建立完善视频监控体系，实现人防、技防相结合，有条件地纳入社区网格化管理，确保文物安全。强化文物执法力量，及时、严格依法处理各类文物违法行为。

五是创新文物保护利用方式。通过政策引导、资金资助、简化手续、租金减免等方式，鼓励对文物进行社会化托管。引入社会力量，探索陈列展示、文创产业、旅游景区、教育基地等文物建筑合理利用模式，落实绿色低碳发展，实现保护成果社会共享。

六是加大人才队伍建设。落实基层文物保护机构及人员编制，健全人才培养、使用、评价和激励机制。关心爱护文物保护工作者，积极提供人力、物力、财力等支持，为文物保护、考古发掘、历史研究创造良好条件。加大文物领域领军人才、中青年骨干创新人才的培养，对符合规定的人员予以绩效奖励。

贯彻新发展理念，推动延安革命文物事业高质量发展

延安革命纪念地管理局　薛耀军

摘　要： 近年来，延安深入学习贯彻习近平总书记关于革命文物工作重要指示批示精神，将新发展理念贯穿革命文物工作全过程，强化顶层设计，突出项目建设，注重挖掘展示，彰显教育功能，推动文旅融合，革命文物的生命力影响力不断提升。对标对表新时代新要求补齐短板不足，聚焦高质量发展主题，增强历史主动精神，坚持守正创新，以创建革命文物国家文物保护利用示范区为目标，用心用情用力切实把革命文物保护好、管理好、运用好，守护好中国共产党人精神家园。

关键词： 革命文物　红色资源　保护利用

延安是中华民族、中国革命"两个圣地"，是全国爱国主义、革命传统和延安精神三大教育基地，革命旧址在全国数量最多、规模最大、跨度最长、级别最高、内容最为丰富。党的十八大以来，习近平总书记高度关心重视延安革命文物保护利用工作，2015 年 2 月习近平总书记回延安视察时，来到杨家岭七大旧址，强调"革命老区是党和人民军队的根，我们不能忘记自己是从哪里来的，永远都要从革命历史中汲取智慧和力量"。近年来，延安始终牢记习近平总书记殷殷嘱托，认真贯彻新发展理念，坚决履行革命文物保护和红色文化传承的职责使命，努力推动延安革命文物事业高质量发展。

一、坚决扛起政治责任，守护中国共产党人精神家园

（一）摸清资源家底，强化顶层设计

深入开展革命文物专项调查，做实做细基础工作，为科学保护提供依据。全市共有革命旧址 445 处，其中国保单位 23 处、省保单位 146 处、市

县保单位 137 处；全市共有革命类纪念馆 30 座，馆库藏革命文物 43673 件，其中一级文物 189 件、二级文物 2462 件、三级文物 9061 件；全市有全国爱国主义教育示范基地 13 处（图 1）。坚持规划引领，编制出台《延安革命旧址群保护利用规划》《延安革命文物保护利用工程（2018—2022）实施方案》《延安革命旧址群安全监管平台建设规划》《延安市市级以上革命文物保护单位管理规划》等，并与城市规划、土地利用规划等多个规划深入融合，推进"多规合一"。创新体制机制，理顺文物保护机构，成立延安革命纪念地管理局，专门负责全市革命文物和历史文物保护利用工作。修订颁布《陕西省延安革命旧址保护条例》《延安市实施〈陕西省延安革命旧址保护条例〉办法》，使延安革命文物保护利用工作纳入规范化、法治化轨道。2020 年 9 月，延安成功入选第一批国家文物保护利用示范区创建名单，成为全国唯一的革命类示范区。2021 年 3 月，《陕西延安革命文物国家文物保护利用示范区建设实施方案》获国家文物局正式批复，5 月 20 日召开动员大会，创建工作全面启动，力求用三年时间推动形成串点连线、连片打造、整体展示的革命文物工作新态势。

图 1　杨家岭革命旧址中央大礼堂（加向前摄）

（二）注重项目建设，狠抓旧址保护

近年来，按照老城区多拆少建，革命旧址周边只拆不建的原则，实施新区建设、老城改造、居民下山、景观提升等系列工程，完成宝塔山、凤凰山、清凉山、西北局、鲁艺等旧址周边环境改造提升，共征收建筑面积263.6万平方米，兑付征收补偿资金103.9亿元，革命旧址周边环境面貌得到较大改善（图2）。按照"保护为主、抢救第一、合理利用、加强管理"的工作方针，先后投入4.5亿元，维修保护枣园、杨家岭、凤凰山等革命旧址116处。启动实施首批重点革命旧址维修保护工程51处，延安鲁艺革命旧址东西山维修保护工程、西北局革命旧址抢险加固工程荣获"十佳案例"和"优秀案例"（图3）。2021年完成陕甘宁边区政府交际处、延安马列学院等一大批旧址保护修缮项

图2　宝塔山周边环境改造后现状（加向前摄）

图3　延安鲁艺文化园区东山旧址维修后现状（加向前摄）

目。2022 年计划储备启动第二批集中连片文物保护维修项目 66 处。实施延安革命旧址群安全监管平台建设工程，计划用三年时间将已维修保护好的国保、省保、市县保革命旧址及 30 座革命类纪念馆安全监控平台及管理中心建成。

（三）汇聚多方力量，构建博物馆新格局

近年来，以建设中国革命博物馆城为目标，积极推进延安文艺纪念馆、延安博物馆、南泥湾大生产纪念馆、抗大纪念馆、"三战三捷"纪念馆等基本陈列布展和延安革命纪念馆、延安新闻纪念馆陈列改造提升工程，使延安的博物馆门类更加多样化、内容更加丰富、教育研究功能进一步增强。创新共建共享发展模式，开展国家部委、机关单位、医院高校"寻根工程"和"对口援建工程"，与外交部、中国人民银行、中国人民大学、黑龙江大学等部门单位建立对口援助，维修保护利用陕甘宁边区政府交际处、陕甘宁边区银行、陕北公学、俄文学校等革命旧址，积极实施社会化保护，推进"多力共建"。加强与科研机构合作，加强科技应用，延安革命纪念馆、枣园等 9 处旧址实现数字化展示，文物陈列的互动性和体验性不断增强。

（四）坚持理论研究，挖掘红色内涵

组织召开"纪念中共中央西北局成立 80 周年座谈会""铭记百年党史弘扬延安精神研讨会"和"陕北三战三捷座谈会"等高规格专题研讨会，以研讨的方式学习和研究党的历史及延安精神，形成一批有价值的研究成果。深入挖掘红色文化的内涵，编辑出版《习近平论延安精神》《图说延安十三年》《延安群星闪耀》《史唯然》《红色——走进延安革命纪念地》等系列丛书 36 部 19 万余册。组织对枣园、杨家岭等革命旧址讲解词进行修编提升，报请省委宣传部对延安革命纪念馆、枣园、杨家岭等 7 处国家级爱国主义教育基地解说词进行审核完善，进一步增强讲解内容的准确性、完整性、权威性。发挥《延安精神》期刊的窗口、平台和桥梁作用，刊登最新研究成果，积极宣传弘扬延安精神。开展文物保护利用课题研究，撰写发表学术论文，对评选出的优秀研究课题进行奖励，引导形成全系统浓厚学术研究氛围。

（五）强化教育功能，传承延安精神

借助新媒体平台，充分运用局机关网站、"红延安在线"公众号、"我是延安"移动客户端"圣地文博"栏目等平台加大宣传力度，提升革命纪念地的影响力，局系统上线新媒体账号 43 个，推送文章 3857 篇，总阅读量达1.58 亿余次。组织实施革命文物宣传传播工程，拍摄完成《延安·延安》百集短视频（入选国家文物局"革命文物资源服务党史学习教育优秀案例"）、

《鲁艺故事我来讲》33 集短视频，陆续在人民网、新华社客户端、学习强国等网络平台持续推送，在线观看人数均突破 600 万人次。组建延安精神宣讲团，通过演讲、朗诵、表演相结合的方式，走出延安，走向全国，讲述延安故事。推进革命传统教育进校园进课堂活动，选拔"小小讲解员"开展义务讲解，强化青少年红色教育。遵循"修旧如旧、最小干预"原则，将桥儿沟、清凉山、西北局等旧址 600 余孔窑洞活化利用，努力建成全国规模最大、最具特色的体验式教学基地（图 4）。2021 年中央广播电视总台、欧洲拉美地区语言节目中心、央视新闻频道等媒体对旧址活化利用进行直播或报道。建立"政府 + 院校 + 基地"培训机制，打造全国红色教育首选高地，2021 年累计接待党史学习教育团体 8600 余批，现场教学 6900 余场次。

图 4　清凉山革命旧址窑洞活化利用（加向前摄）

（六）用好红色资源，推动文旅融合

始终将以红色旅游为龙头的文化旅游产业作为调结构、促转型的重要途径，大力实施"文化旅游带动"战略，全力打造全国红色旅游首选地。建成宝塔山、杨家岭等游客服务中心，景区品质、服务质量和游客满意度全面提升，延安革命纪念地成功获评为国家 5A 级旅游景区。"十三五"期间来延游客达 2.5 亿人次、旅游综合收入突破 1500 亿元，红色教育培训达 80 万人次。2021 年 6 月，投资 40 亿元的延安红街正式开业，接待游客 457 万人次；投资 39 亿元的金延安，2018 年开业以来累计接待游客 1600 万人次。2021

13 个市级重点文化旅游项目完成投资 65.17 亿元，全市红色旅游基础服务设施进一步完善，建设完成延安市旅游产业运行监测和应急指挥平台，实现对市域内游客的大数据分析和对旅游景区的远程监管。全力推进延安千亿级文旅产业集群建设，"十四五"期间计划实施文旅项目 171 个，总投资 1056 亿元。投资 85 亿元的延安东绕城高速公路，于 2020 年 7 月开工建设，2023 年 7 月建成通车，为延安市打造红色旅游精品线路奠定坚实基础。

二、对标对表新时代新要求，正视革命文物保护利用短板

延安作为中国共产党人的精神家园和全国人民向往的革命圣地，对标对表习近平总书记关于革命文物工作重要指示批示精神、《革命文物保护利用"十四五"专项规划》新要求和人民对美好生活的新期待，革命文物保护利用工作还存在一些短板和不足。

（一）革命文物保护工作不够到位

一些革命旧址历经数十年乃至上百年的风雨侵蚀、自然损毁，还需进一步保护修缮。

（二）革命文物研究展示有待加强

对革命文物征集和开发利用不够，文物的历史文化内涵、精神内涵等挖掘不深。陈列展示内容相近、展示手段单一，游客体验性和互动性项目不足，吸引力和感染力不强。

（三）革命文物运用方式有待创新

文物宣传传播方式缺乏创新，革命文物数字化展示传播亟待加强。针对不同年龄、不同群体认知特点的多样化主题教育活动还不够丰富。

（四）革命文物融合发展水平有待提升

由于革命文物价值研究挖掘不够充分，红色文化与黄土文化、陕北民俗文化等特色文化融合发展还不够，革命文物与文旅产业融合发展水平有待提升。

（五）革命文物保护力量有待加强

目前，从事文物保护的工作人员文化水平和业务能力参差不齐，整体素质难以满足革命文物保护利用工作高质量发展需要。

三、发扬历史主动精神，推动革命文物事业高质量发展

革命文物承载党和人民英勇奋斗的光荣历史，记载中国革命的伟大历程和感人事迹，是党和国家的宝贵财富，是弘扬革命传统和革命文化、加强社会

主义精神文明建设、激发爱国热情、振奋民族精神的生动教材。站在新的历史起点上，以习近平新时代中国特色社会主义思想为指导，深入贯彻落实习近平总书记关于革命文物工作重要指示批示精神，立足新发展阶段、贯彻新发展理念、构建新发展格局，用心用情用力切实把革命文物保护好、管理好、运用好，传承红色基因，赓续红色血脉，守护好中国共产党人的精神家园。

（一）坚持规划引领，加强革命文物保护

坚持守正创新，突出问题导向，把"保护为主、抢救第一、合理利用、加强管理"的工作方针贯彻到工作全过程。科学制定革命文物保护规划，将革命文物保护利用纳入市县"十四五"经济社会发展规划、国土空间规划、城乡建设规划、生态环保规划和文化旅游等产业发展规划，按照"多规合一"要求，优化革命文物保护利用空间布局，实现国土空间开发与革命文物保护利用"一张图"。坚持节约优先，积极参与城市绿色低碳转型，统筹实施中心城区改造、居民下山和旧址周边环境整治提升工程，为城区旧址文物保护腾出更多空间，实现保护文物旧址和拓展城市空间双赢。坚持保护为主，将抢救管护作为革命文物保护永恒的主题，进一步完善革命文物定期排查、日常养护管理和安全防范制度，实施一批革命旧址维修保护项目、馆藏革命文物保护修复项目和革命文物研究性保护项目。实施集中连片推进陕甘、长征等片区革命文物保护利用，逐步形成点、线、带、片相贯通的革命文物保护利用格局。

（二）坚持多元展示，加强革命文物管理

整合文物、党史、档案、地方志方面研究力量，加强相关实物、文献、档案、史料、口述史的抢救、征集与研究，深入挖掘革命文物蕴含的思想内涵和时代价值，编辑出版延安时期党史和延安精神研究论著、系列丛书和革命史实类画册等重要研究成果，增进群众对革命文物内涵和价值的认知。优化纪念馆区域布局，指导支持一批纪念馆展陈提升项目，加强延安时期中国共产党历史文物保护展示。注重革命文物陈列展览的生动性、参与性和体验性，加大博物馆、革命旧址文物的开放和展示力度，坚持政治性、思想性、艺术性相统一，增强革命文物表现力、传播力、影响力。综合运用新媒体、VR、AR、互动体验等技术手段，着力打造一批主题突出、内涵丰富、形式新颖的革命文物陈列展览精品，让革命文物"活"起来。聚焦中国革命博物馆城建设，充分运用互联网技术拓展博物馆展陈方式、丰富展示内容，加强博物馆服务、保护和管理的智能化协同，发展智慧博物馆，建设延安博物馆网络体系。

（三）坚持创新融合，加强革命文物运用

深入挖掘革命文物价值内涵，将桥儿沟、清凉山、西北局、女子大学等窑洞旧址群活化利用，将其打造成具有延安特色、全国一流的体验式教育培训基地。依托枣园革命旧址等爱国主义教育基地，打造一批红色教育基地、红色研培体验线路，推出一批研学旅行精品项目，形成"政府＋院校＋基地"的培训机制，将延安打造成全国红色教育培训的首选高地。支持馆校共建实践育人共同体，设计符合不同年龄、不同群体认知特点的多样化主题教育活动。结合公共文化服务设施建设，支持在条件成熟的旧居旧址内设立图书馆、非遗展示馆、非遗传习所，更好满足群众精神文化需求。围绕重大事件、重大节点，充分发挥延安精神宣讲团、女子民兵连、"小小讲解员"的作用，讲好党的故事、革命的故事、延安的故事。实施红色基因传承传播工程，着力打造 13 集革命文物故事微视频、13 集革命旧址短片、13 集革命人物纪录片等一批文艺精品。整合红色文化资源，结合长征、长城、黄河国家文化公园建设，与美丽乡村、乡村振兴、红色旅游等有机融合，发挥革命文物对红色旅游的核心带动作用，打造全国红色旅游融合发展示范区。大力发展文化创意产业，加快研发独具延安特色的文创产品，延长文旅产业链条，不断增加文创收入，推动产业转型发展。

（四）坚持多措并举，加强革命文物队伍建设

强化县级政府文物保护主体责任，切实加强文物行政机构建设，明确承担文物保护管理职责的具体部门。加强文保人员专业知识培训，提高革命文物保护专业知识和专业素养，打造一支结构合理、熟悉专业、素质优良的革命文物管理人才队伍。整合研究力量，完善人才激励机制，支持鼓励更多优秀专业人才和青年人才从事革命文物保护和研究阐释，培养造就一批造诣高、成绩突出的优秀研究人才。加强讲解员队伍建设，强化入口、培训、考核、管理等方面力度，提升现有讲解员队伍的整体素质和水平，着力培养研究型讲解员队伍。

参考文献

1.《切实把革命文物保护好管理好运用好　激发广大干部群众的精神力量》,《人民日报》2021 年 3 月 31 日。

2.《延安文物保护工作取得新成效展现新作为》,《中国文物报》2020 年 6 月 26 日。

3.《延安市革命文物保护管理利用工作调研》,《中国文物报》2021 年 7 月 16 日。

4.《用好红色资源　赓续红色血脉》,《中国文物报》2021 年 7 月 27 日。

后　记

中国文化遗产研究院于2012年启动了对文物工作的系列研究，该项研究得到全国文博系统的大力支持，研究成果得到国家文物局领导和文博领域专家学者的充分肯定，取得较好的社会反响。前三本分别聚焦2012、2015、2019年度，围绕年度热点、焦点问题展开研究。该书是系列研究的第四本，是在国家文物局委托课题《文物领域贯彻新发展理念研究》的成果基础上，经过进一步充实完善而形成的。该书以贯彻新发展理念为主线，从中央到地方，从理论和实践，系统梳理文物行业在贯彻创新、协调、绿色、开放、共享的新发展理念方面的相关经验做法，着力研究文物领域完整、准确、全面贯彻新发展理念的切入点、结合点和着力点，提出相应对策建议。课题研究过程中得到国家文物局政策法规司的大力支持指导。

该书作为中国文化遗产研究院建院90周年系列图书之一，得到党委书记李六三、院长凌明的高度重视，他们希望以此展示我院的学术成果，打造文物行业智库和对话交流平台，并对该书的框架设计和专题选定等提出明确具体的指导意见。副院长李向东、李黎悉心指导该书的编制工作，多次提出修改意见，帮助编写组充实完善相关内容。

该书由刘爱河统稿，凌明审定。中国文物学会副会长李耀申、中国文化报社编委胡芳精心审阅书稿，给编写组提供了宝贵的意见建议，为该书增色颇多。中国文化遗产研究院革命（近现代）文物保护修复研究所所长吴炎亮在课题研究期间大力协助课题组约稿，科研与综合业务处处长丁燕、白静在该书的编辑出版过程中提供了可贵的支持和帮助，文物出版社编辑张晓曦以其深厚的专业知识对书稿进行了全面而细致的审阅，使得表述更加清晰、准确。在此，编写组衷心感谢大家的辛勤付出与无私奉献，期待未来能有更多合作机会。

随着研究的持续深入，我们的研究团队不断发展壮大，越来越多的省（区、市）文物局，地市文化和旅游局、文物局，科研机构和博物馆加入，使得研究的辐射面不断扩大，研究主题和成果更加丰富。

　　新时代对文物工作提出了新的更高要求，中国文化遗产研究院将立足国内、放眼国际，不断开拓进取、深耕细作，聚焦文物工作热点、焦点问题，以更加严谨的态度和扎实的作风，努力奉献出紧扣时代脉搏、回应社会关切，有内涵、有分量的研究成果，不仅服务政府决策、服务专家学者，而且服务社会公众。通过长期的关注和系统的研究，在文物政策理论研究领域取得更大突破。

　　希望对该项研究有兴趣的专家学者加入我们的团队，共同为新时代文物事业高质量发展贡献智慧和力量，为建设中华民族现代文明做出新的贡献。

编写组

2024 年 12 月